SAINTE AGATHE

ET SA PATRIE

ou

SOUVENIRS DE CATANE

suivis de

SOUVENIRS DE MUGNANO

(PÈLERINAGE AU TOMBEAU DE SAINTE PHILOMÈNE)

PAR

L'abbé N.-M. COUTURIER

de la Maîtrise de Langres.

Membre honoraire du Cercle Catanais de Sainte Agathe

LANGRES

JULES DALLET, LIBRAIRE-ÉDITEUR

1877

SAINTE AGATHE

ET SA PATRIE

F. Ittenbach pinxt.   75   H. Kipp sculp.

S. Agatha V.M.

SAINTE AGATHE

ET SA PATRIE

ou

SOUVENIRS DE CATANE

suivis de

SOUVENIRS DE MUGNANO

(PÈLERINAGE AU TOMBEAU DE SAINTE PHILOMÈNE)

PAR

L'abbé N.-M. COUTURIER

de la Maîtrise de Langres,

Membre honoraire du Cercle Catanais de Sainte Agathe

LANGRES

JULES DALLET, LIBRAIRE-ÉDITEUR

1877

Vu et permis d'imprimer.

✝ JEAN, ÉV. DE LANGRES.

2 février 1877.

A Sa Grandeur
Monseigneur Joseph-Benoit Dusmet
Archevêque de Catane.

C'est avec un vif plaisir que j'ai entrepris le voyage de Catane, c'est avec une surabondance de joie que je l'ai accompli. L'aimable Sainte, au tombeau de laquelle j'ai eu le bonheur de m'agenouiller, a comblé de bienfaits le plus indigne de ses serviteurs. Elle m'a donné tout ce que je désirais, et davantage encore. De mon pèlerinage j'ai rapporté les plus précieux souvenirs. Où je n'allais chercher qu'une simple satisfaction de piété, j'ai trouvé des trésors d'édification. Au milieu des agitations et des défaillances de notre époque, rien n'est consolant et fortifiant comme la vue d'un peuple chrétien : j'ai rencontré ce peuple dans votre ville épiscopale.

Aujourd'hui, Monseigneur, je sens que la reconnaissance m'impose le devoir de ne pas garder pour moi seul ces merveilleuses richesses, et d'en faire participants mes frères. L'auguste Patronne de Catane ne possède-t-elle pas d'ailleurs un titre spécial à être connue et aimée parmi nous ? N'est-ce pas un *Français* qu'elle a choisi jadis pour ramener ses reliques de l'Orient dans sa patrie ? N'a-t-elle pas ainsi montré qu'elle désirait étendre sa protection sur les compatriotes de son fidèle serviteur et chevalier Gilisbert ? Et en quel temps la France a-t-elle eu plus qu'aujoutd'hui besoin de cette puissante protection ?

C'est pourquoi j'ai essayé de retracer en quelques pages les impressions que j'ai éprouvées dans la noble ville de Catane. Pages froides, récits incolores, pour quiconque verra, comme moi, l'ineffable réalité ! Cependant, Monseigneur, j'ose les déposer aux pieds de Votre Grandeur, en La priant d'agréer cet hommage de ma profonde gratitude. Et puisque c'est par Vous, Monseigneur, que Sainte Agathe m'a dispensé ses miséricordieuses faveurs, permettez que par Vous aussi ma reconnaissance remonte jusqu'à cette glorieuse Martyre.

J'implore, en finissant, pour ceux qui liront ces pages, une bénédiction de Votre Grandeur. Plus que tous mes efforts, cette bénédiction leur apprendra à connaître et à prier Sainte Agathe ; et Votre cœur si dévoué à la gloire et au culte de l'illustre Vierge, pourra ainsi se réjouir de voir que « *Votre Sœur est aimée en France.* »

De Votre Grandeur,

Monseigneur,

le très-humble et très-reconnaissant serviteur,

N.-M. COUTURIER,

Prêtre,

Membre honoraire du Cercle Catanais
de Sainte Agathe.

5 février 1877. Fête de Ste Agathe.

SAINTE AGATHE ET SA PATRIE

SOUVENIRS DE CATANE

I

Honneurs rendus par l'Église et les SS. Péres à Sainte Agathe.

Parmi les admirables héroïnes de la foi chrétienne, qui ont mérité la double couronne de la virginité et du martyre, il en est peu d'aussi illustres que la glorieuse vierge Sainte Agathe. La noblesse de son origine, les merveilleuses qualités naturelles dont elle était douée, les cruelles tortures qu'elle endura à la fleur de l'âge, la tendre protection dont elle se plaît à couvrir sa patrie et ses dévots serviteurs, tout se réunit pour nous montrer en sa personne l'une des plus belles et des plus touchantes figures des premiers siècles du christianisme.

L'Eglise dans sa liturgie l'entoure d'hommages tout-à-fait particuliers. Au canon de la messe et dans les litanies des Saints, le nom de Sainte Agathe est en tête des noms des quatre grandes vierges martyres. Elle a un office propre, où les détails de sa vie et de ses souffrances sont consignés en un langage plein de suavité et de force. Un des plus grands docteurs de l'Eglise, saint Isidore, a composé une hymne en son honneur ; saint Grégoire-le-Grand l'a proclamée « la trompette de l'Evangile de Jésus-Christ ; » saint Vincent Ferrier l'a prêchée dans un discours à jamais célèbre ; saint Méthodius de Constantinople prononçant son panégyrique s'écriait : « Après la sainte « Vierge, Mère de Dieu, est-il une autre « vierge aussi aimable, aussi étonnante, « et qui fasse autant l'admiration et la joie « de l'Eglise que l'illustre vierge Agathe ? »

II

Départ de Naples. — Arrivée à Catane.
La rue de l'Etna.

Depuis longtemps les sentiments d'une dévotion spéciale envers la vierge sicilienne, et une profonde reconnaissance pour diverses grâces obtenues par son intercession, me pressaient d'aller à Catane visiter sa patrie et son tombeau. Sur la fin de l'été de l'année 1875, j'ai eu le bonheur de pouvoir réaliser mon désir, et de faire ce pieux et délicieux pèlerinage.

Le mercredi, 22 septembre, après avoir assisté au miracle de la liquéfaction du sang de saint Janvier à Naples, je m'embarquais pour la Sicile. Il faut dix-huit heures pour gagner Messine. Là, on prend le chemin de fer jusqu'à Catane. Ce dernier trajet dure environ trois heures et demie ; il est d'ailleurs fort agréable. On voyage entre la mer et d'immenses montagnes, dans des sites singulièrement pittoresques, au-dessus desquels se dresse le sommet fumant de l'Etna. Enfin l'on aperçoit une coupole, puis deux, puis trois ; l'on distingue ensuite des maisons. Bientôt on se trouve en face d'une ville de 80,000 habitants : c'est Catane, c'est la patrie de Sainte Agathe.

Avant d'arriver à la station, le chemin de fer traverse une tranchée creusée dans la lave durcie de l'Etna. Instinctivement les regards s'arrêtent sur ces roches noires et luisantes, aussi dures que le silex, gisant aux pieds du terrible volcan qui les a vomies jadis en fleuve de feu ; instinctivement on devient sérieux. — « Cette tranchée, me dit un Catanais, semble l'entrée de l'enfer. »

La ville de Catane est située au pied du mont Etna, du côté du midi, sur le bord de la mer, où elle forme une espèce de demi-cercle autour d'un port dont l'importance augmente de jour en jour. Elle est partagée en deux parties par une belle rue droite, longue de plus d'une lieue. Cette rue, qui semble descendre de l'Etna et en porte le nom, arrive jusque sur le port en passant devant la cathédrale. Elle permet de s'orienter assez facilement.

C'est là, au centre de la ville, en un lieu

bien connu, situé à gauche de la rue de
l'Etna, que se passaient, il y a seize siècles,
les scènes sanglantes qui ont fait de Sainte
Agathe la première martyre sicilienne et
l'une des gloires les plus brillantes et les
plus pures de la sainte Eglise.

III

Martyre de Sainte Agathe. — Son arrestation.
Interrogatoire.

C'était en l'an 251 de Jésus-Christ, sous
Décius, empereur et consul pour la troisième
fois. La Sicile avait alors pour gouverneur
Quintianus, un orgueilleux, un avare, un li-
bertin, un impie. La réputation de la bienheureuse Agathe étant arrivée jusqu'à lui,
ce valet de César rêva de se rendre maître
d'elle. Etendre sa domination sur une personne de haute naissance flattait la vanité
de ce parvenu de basse origine ; d'ailleurs
Agathe était d'une beauté ravissante, elle
possédait en outre des richesses considé-
rables. Quintianus vit le moyen de satisfaire
à la fois toutes ses passions.

Il paraît que la noble vierge eut connais-
sance des projets de Quintianus, car la tradition rapporte qu'elle se retira dans le petit
village de Galermo, à peu de distance de
Catane. Quintianus l'ayant appris, envoya

des soldats pour l'arrêter. Le 25 décembre,
Agathe entendit tout-à-coup un bruit d'armes
et vit toute sa maison en pleurs. Elle com-
prit ce dont il s'agissait : « Vous êtes venus
pour moi, dit-elle avec calme en s'avançant
vers les soldats ; eh bien ! me voici. Je vous
demande un instant seulement. » Se retirant
alors dans sa chambre, elle se prosterna au
pied de son crucifix, et recommanda à son
divin Epoux le trésor de sa foi et de son innocence : « Seigneur Jésus, vous voyez le
fond de mon cœur, vous connaissez mon désir. Régnez en moi, et défendez-moi contre
le tyran. Je suis votre brebis, rendez-moi
digne de vaincre le démon. » Et tandis
qu'elle faisait cette prière, des larmes cou-
laient sur son noble visage. Puis, baisant les
pieds du crucifix, elle se relève et va trouver
les soldats : « Partons, dit-elle. »

Quand elle fut arrivée à Catane, on la re-
mit, sur l'ordre de Quintianus, entre les
mains d'une femme de mauvaise vie, nommée Aphrodisia, qui avait neuf filles aussi
abominables que leur mère. Pendant trente
jours elle fut en butte aux sollicitations et
aux vexations de ces odieuses créatures.
Mais la vierge chrétienne restait invincible :

« Mon cœur, leur disait-elle, est inébran-
lable ; il a pour fondement le Christ. Vos
paroles sont du vent ; vos promesses, de la
pluie ; vos menaces, un torrent qui s'écoule.
C'est en vain que tout cela vient assaillir la
maison de mon âme ; elle ne tombera pas,
car elle est bâtie sur le roc. » En disant
cela, la douce vierge pleurait ; sans cesse
elle pleurait et priait. Elle soupirait après le
jour où, quittant cette maison d'iniquité,
elle pourrait conquérir la palme du martyre
et souffrir toutes sortes de supplices pour le
nom du Christ.

Aphrodisia ayant rendu compte à Quin--
tianus de l'inutilité de ses efforts, celui-ci
ordonna de faire comparaître Agathe devant
lui. — « Quelle est ta condition ? lui de-
manda-t-il. » — « Je suis libre et noble, répondit Agathe : toute ma parenté en fait foi.
— « Si tu dis vrai, reprit Quintianus, pourquoi te conduis-tu comme une esclave ? »
— « Je suis la servante du Christ, repartit
Agathe ; je me montre telle que je suis. »
— « Comment, dit Quintianus, peux-tu,
libre et noble, te dire servante ? » — « La
souveraine noblesse, répondit Agathe, c'est
de servir Jésus-Christ. » — « Quoi ! reprit

Quintianus, ne sommes-nous pas libres,
nous qui méprisons le Christ et adorons les
dieux? » — « Votre liberté, repartit Agathe,
aboutit à vous rendre esclaves du péché et à
vous asservir à des morceaux de bois et de
pierre. » — « Les supplices, poursuivit Quintianus, pourront bien tout-à-l'heure punir
tes blasphêmes. Mais encore, dis-moi, pourquoi méprises-tu la religion des dieux ? »
— « Des dieux, reprit Agathe, dis donc : des
démons ; car ce sont des démons, ces êtres
dont vous transformez les statues en usten-
siles de ménage, et dont vous couvrez de do-
rures les visages de marbre et de plâtre. »
— « Eh bien ! lui dit Quintianus, choisis :
ou de subir les derniers supplices avec les
criminels, ou d'agir avec sagesse, comme ta
nature et ta condition le demandent, et de
sacrifier aux dieux tout-puissants qui sont
de vrais dieux. » — « Alors, répondit Agathe,
que ta femme soit comme ta déesse Vénus,
et toi comme ton dieu Jupiter ! » Furieux
de cette réponse, Quintianus fit souffleter la
bienheureuse Agathe. — « Apprends, lui
dit-il, qu'on ne se moque pas impunément
d'un juge. » — « Tu dis, reprit la courageuse vierge, que tes dieux sont de vrais

dieux ; eh bien ! encore une fois, que ta femme soit comme Vénus, et toi comme Jupiter, afin qu'un jour, vous aussi, vous soyez rangés parmi les dieux. » — « Il paraît, dit Quintianus, que tu cherches les supplices, puisque tu continues à m'insulter. » — « J'admire, répondit Agathe, comment un homme prudent comme toi soit assez sot pour appeler dieux des êtres dont il ne supporterait pas que sa femme imitât la conduite, et dont la ressemblance lui fait honte. Si ce sont de vrais dieux, je souhaite ton bien en te souhaitant d'être comme eux ; si leur compagnie te fait horreur, tu me donnes raison. En tous cas, tu avoueras que tes dieux sont bien scélérats et bien dégoûtants, puisque tu regardes comme un outrage de te souhaiter que tu leur ressembles. »

Quintianus à bout d'arguments, exhala sa colère dans des menaces. — « Pas tant de discours, s'écria-t-il ; sacrifie aux dieux, ou meurs au milieu des supplices. » — « Veux-tu parler des bêtes féroces ? repartit Agathe ; mais au nom du Christ elles deviendront comme des agneaux. S'agit-il de brasiers ? mais les anges du ciel m'enverront une rosée salutaire. Rêves-tu de me frapper, de me torturer ? mais l'Esprit Saint habite en moi et me fera mépriser tout cela. »

Alors Quintianus, agitant la tête avec colère, commanda de jeter Agathe dans une prison ténébreuse. — « Réfléchis, lui dit-il, et repens-toi ; sinon d'affreux tourments t'attendent. » — « C'est à toi, ministre de satan, de te repentir, repartit Agathe, si tu ne veux souffrir des tourments éternels. »

Quintianus fit signe à ses satellites de le débarrasser au plus vite de la présence d'Agathe qui, par ses réponses, le couvrait de confusion. Ceux-ci se hâtèrent de l'entraîner. Arrivés près de la porte de la prison, ils la poussèrent avec violence, croyant la renverser. Mais leur maligne brutalité fut déçue dans ses espérances. Les pieds d'Agathe, rencontrant une énorme pierre, empêchèrent la douce vierge de tomber. Et Dieu permit que la pierre reçût et conservât une empreinte profonde et parfaite de ces pieds très-purs.

IV

Suite du martyre. — Les tortures.
Apparition de S. Pierre. — Sainte Agathe est guérie.
Le lit de charbons. — Dernière prière.

Le lendemain, après avoir essayé sans plus
de succès un nouvel interrogatoire, Quintianus ordonna les tortures. On étendit d'a-
bord la bienheureuse Agathe sur un chevalet, puis on lui disloqua les membres ; on
lui appliqua sur les côtés des lames d'acier
rougies au feu ; on la déchira avec des ongles
de fer. La tradition rapporte qu'elle passa
aussi par le supplice de la flagellation. Pendant toute la durée de cette sanglante exécution, la courageuse martyre restait sereine
et repoussait avec calme et dignité les dernières propositions qui lui étaient faites.

Quintianus en devenait furieux, la rage
bouillonnait dans son cœur. Tout-à-coup une
pensée infernale lui vint à l'esprit ; il ordonna de saisir les mamelles de la poitrine
de Sainte Agathe avec des tenailles dente-

lées, et de les lui arracher après l'avoir longtemps torturée. A cet ordre affreux, la douce
vierge ne put retenir un saint mouvement
d'indignation : — « Cruel impie, lui dit-elle,
féroce tyran ! tu n'as donc plus de honte
pour m'outrager de la sorte ? tu ne te sou-
viens donc plus que le sein d'une mère t'a
nourri ?.... Mais, va ! déchire tant que tu
voudras cette pauvre poitrine ; le fer de tes
bourreaux n'atteindra pas le sein de mon
âme, où mes sentiments puisent leur vie, et
que j'ai consacré dès mon enfance à mon
Seigneur Jésus-Christ. »

Après cet affreux supplice, Quintianus la
fit reconduire en prison avec défense de lui
donner aucun soin et aucune nourriture.
Mais au milieu de la nuit, saint Pierre apparaît à la glorieuse vierge, sous la forme d'un
vieillard vénérable qui se disait médecin, et
portait dans sa main divers remèdes. Il lui
offre de panser ses plaies. — « Je te remer-
cie, seigneur, dit-elle, de ta paternelle sol-
licitude. Sache cependant que jamais remède
venant d'une main humaine ne touchera mon
corps. » — « Pourquoi, reprit le vieillard,
ne veux-tu pas que je te guérisse ? — « C'est,
répondit Agathe, parce que mon Seigneur

Jésus-Christ me suffit. Sa parole toute puissante vivifie et guérit tout ; à Lui donc, s'il le veut, de me guérir. » — « Et moi, repartit le vieillard en souriant, je suis son Apôtre. C'est lui qui m'a envoyé vers toi ; en son nom, je te l'annonce : tu es guérie. » Et il disparut.

Alors la bienheureuse Agathe se prosternant en prières, dit : « Je vous rends grâces, « ô mon Seigneur Jésus-Christ, de ce que « vous vous êtes souvenu de moi, et de ce « que vous avez envoyé votre Apôtre pour « guérir mes plaies. » Après cette prière elle reconnut qu'effectivement toutes ses plaies, même celles de la poitrine, étaient guéries.

Et voilà qu'une lumière brillante éclaire la prison tout le reste de la nuit, et les gardes effrayés s'enfuient laissant la porte ouverte. Les compagnons de captivité de Sainte Agathe la pressaient de s'en aller ; elle refusa. — « A Dieu ne plaise, répondit-elle, que je perde ma couronne, et que je sois une cause de châtiment pour les gardiens. Avec l'aide de mon Seigneur Jésus, qui m'a guérie et consolée, je persévérerai dans la confession de la foi jusqu'à la mort. »

Quatre jours après, le proconsul ayant appris qu'Agathe était pleine de vie, la fit de nouveau comparaître devant lui. Comme la glorieuse martyre attribuait sa guérison à Jésus-Christ : « Nous allons voir, lui dit l'impie Quintianus, si ton Christ te guérira encore. » Il commanda alors de préparer un lit de charbons ardents entremêlés de débris de pots cassés, et de rouler sur cette couche affreuse la bienheureuse Agathe après l'avoir dépouillée de ses vêtements. Cet ordre barbare fut exécuté.

Tout-à-coup le sol tremble ; une portion de mur tombe et tue Silvanus et Falconius, deux abominables amis du proconsul, ses complices et ses conseillers dans le martyre de Sainte Agathe ; et toute la ville est ébranlée. Une foule tumultueuse et menaçante se précipite vers le tribunal du proconsul, l'accusant d'attirer la colère céleste par sa cruauté vis-à-vis de l'innocente vierge. Quintianus épouvanté s'enfuit par une porte dérobée, après avoir donné ordre de reconduire Agathe en prison. On l'y ramène à demi-morte. Elevant alors vers le ciel ses mains très-pures et ses yeux baignés de larmes : « Seigneur, dit-elle, vous qui

« m'avez créée et gardée dès mon enfance,
« vous qui avez donné à ma jeunesse une
« fermeté virile, vous qui avez préservé mon
« cœur de l'amour du monde et mon corps
« de sa corruption ; vous qui m'avez donné
« la victoire sur tous mes bourreaux et sur
« les tourments du fer, du feu et de la cap-
« tivité ; vous qui m'avez accordé la patience
« au milieu de ces tourments, je vous en
« supplie, maintenant recevez mon âme. Il
« est temps, Seigneur, il est temps que je
« quitte ce monde, et que j'aille me reposer
« dans le sein de votre miséricorde. » Elle
prononça cette prière d'une voix forte, en
présence d'une foule considérable, et elle
expira.

V

Les funérailles. — La tablette de marbre.
Les éruptions de l'Etna.

A la nouvelle de cette mort, les fidèles accoururent, et enlevant le corps de la sainte martyre, ils le déposèrent avec respect dans un sépulcre de marbre neuf; et la tradition rapporte que tous les assistants, par une inspiration divine, chantaient, non pas le *Requiem*, mais le *Gaudeamus,* que l'Eglise a conservé depuis comme Introït de la messe de Sainte Agathe.

Or, pendant que l'on célébrait ces saintes funérailles, survint un jeune homme inconnu, paré de vêtements splendides, et suivi d'une foule d'enfants ravissants de beauté et, comme lui, magnifiquement vêtus. Il portait une tablette de marbre, sur laquelle étaient gravées en or les lettres suivantes :

M. S. S. H. D. E. L. P.

Ces lettres sont les initiales des mots latins : *Mentem Sanctam, Spontaneam, Ho-*

norem Deo, Et Liberationem Patriæ, qui signifient qu'Agathe était une *âme·sainte, dévouée à l'honneur de Dieu*, et qu'elle allait devenir la *libératrice de sa patrie*. S'étant donc approché, ce jeune homme déposa la tablette de·marbre à la tête du sépulcre ; et, quand le tombeau fut fermé, il disparut avec tous les enfants qui l'accompagnaient. « Et nous avons tous pensé, dit l'auteur des Actes de Sainte Agathe, que ce jeune homme était l'ange de la Vierge. »

Environ un an après ces événements, le mont Etna fait éruption. Un fleuve de feu descendant le long des flancs de la montagne, et détruisant tout sur son passage, se dirige vers Catane. Dans leur effroi, les païens s'enfuient précipitamment au tombeau de la bienheureuse Martyre. Ils prennent son voile, et le présentent aux torrents de lave enflammée qui approchent; et subitement le terrible fléau s'arrête. Et depuis cette époque, treize fois le même prodige s'est renouvelé dans la suite des siècles.

VI

Sainte Agathe et Catane. — Les neuf sanctuaires. La colonne.

« Nommer Agathe, dit un écrivain catholique, c'est nommer Catane ; et nommer Catane, c'est rappeler sa sainte Patronne (*). » Rien n'est plus vrai. L'union la plus intime existe entre la cité et sa céleste protectrice. S'il est hors de doute que Sainte Agathe aime sa patrie avec tendresse, il faut rendre à sa ville natale cette justice qu'elle a pour sa patronne les sentiments de la plus vive dévotion.

Sur plus de cent églises ou chapelles que l'on compte à Catane, il n'en est point, je crois, qui ne possède au moins un tableau ou une statue, sinon un autel, en son honneur. Neuf sanctuaires lui sont dédiés, dont cinq grandes églises. Trois de ces églises marquent les lieux, et rappellent les principales circonstances de son martyre ; ce sont

(*) M. l'abbé Martin. *Les Vierges Martyres.*

les églises de la *fournaise,* de la *prison,* et
du *tombeau.* Cette dernière porte aussi le
nom de *Sainte-Agathe l'ancienne,* en italien :
S. Agata la Vetere. La quatrième est l'église
de *Sainte-Agathe libératrice.* Elle a été
érigée par la ville elle-même, en souvenir
de ce que la cité avait été préservée tant de
fois des feux de l'Etna par l'intercession de
la glorieuse Vierge. A cet édifice est joint
un couvent de religieuses bénédictines,
nommées *Religieuses de Sainte Agathe.* Ces
pieuses filles sont comme les interprètes de
la reconnaissance publique auprès de l'illustre martyre. La cinquième église dédiée
à Sainte Agathe est la cathédrale.

Mais cela ne suffisait pas encore à l'ardente dévotion des Catanais. La mer était là,
avec ses immenses abîmes et ses flots écu-
mants. Or, en face de cette mer non moins
terrible que le formidable mont dont elle
baigne les pieds, sur le sable du rivage, les
habitants ont élevé une gigantesque et su-
perbe colonne, et sur cette colonne ils ont
placé une statue de Sainte Agathe. Ne fallait-
il pas que la vierge catanaise régnât sur
l'eau comme sur le feu ?

VII

La cathédrale. — Mgr Dusmet.

Ma première visite, en arrivant à Catane, fut pour la cathédrale. C'est une vaste et belle église, en style italien, séparée de la mer seulement par le Séminaire et l'Archevêché. Elle est surmontée d'un dôme à la façon de Saint-Pierre de Rome, et ornée à l'extrémité septentrionale du transept d'un clocher fort gracieux. Le portail principal est décoré de six colonnes antiques de granit, et au-dessus de la porte on aperçoit une magnifique statue de Sainte Agathe.

Au fond des nefs latérales, de chaque côté du chœur, se trouvent deux chapelles : celle du nord est la chapelle du Saint-Sacrement, celle du midi est la chapelle de Sainte Agathe. Des grilles splendides et une multitude d'*ex-voto* indiquent clairement que cette dernière contient le trésor de Catane : les reliques de l'auguste martyre. Autour du chœur on remarque de superbes stalles en bois, sur lesquelles sont représentées en bas-reliefs, du côté de l'évangile, les principales scènes du martyre de Sainte Agathe, du côté de l'épître, la merveilleuse translation de ses reliques de Constantinople à Catane.

Sur la place, devant la cathédrale, jaillit la fontaine de l'*Eléphant*, ainsi nommée parce qu'elle est surmontée d'un éléphant de lave portant sur son dos un obélisque de granit.

Quand j'entrai à la cathédrale, on donnait la bénédiction du Saint-Sacrement. Je fus frappé du nombre d'hommes qui assistaient à cette cérémonie, et de la ferveur avec laquelle ils priaient.

En sortant de là, je me rendis à l'Archevêché, où Monseigneur me reçut et m'offrit l'hospitalité avec une si paternelle bienveillance, que pour en parler, les expressions me manquent absolument. Mgr Dusmet est un ancien religieux bénédictin. Avant de diriger le diocèse de Sainte Agathe, il dirigeait le monastère de Saint-Nicolás de Catane, dont il était Abbé. Appelé aux sublimes fonctions de l'épiscopat, Sa Grandeur n'a rien changé dans son costume et dans sa manière de vivre. La dignité épiscopale n'a fait que couronner en sa personne les aimables vertus du fils de Saint Benoît, et réaliser la double gloire symbolisée par les deux prénoms du vénéré prélat : *Joseph-Benoît.*

Le secrétaire de Monseigneur, le R. P. Luigi-Taddeo della Marra, comme lui de l'ordre de Saint Benoît, et parlant parfaitement le français, se chargea d'être mon guide pendant mon séjour à Catane.

VIII

Le lendemain matin, j'eus le bonheur de
célébrer la sainte messe à la cathédrale, dans
la chapelle Sainte-Agathe. Après la messe
je revins visiter cette chapelle. Je me de-
mandais où pouvaient se trouver les reliques
de la bienheureuse Vierge-Martyre. Je ne
voyais rien, sinon une porte richement décorée, placée à gauche, dans l'épaisseur du
mur qui sépare le chœur de la chapelle
Sainte-Agathe. — « C'est peut-être là, me
disais-je intérieurement. » En effet, c'était
bien là ; la preuve la plus douce m'en était
réservée pour le surlendemain.

Rentré à la sacristie, j'aperçus une peinture à fresque représentant une éruption de
l'Etna. C'est beau, c'est terrible. Il me semble toutefois que l'artiste a rendu ce spectacle effrayant avec une vigueur voisine de
la crudité.

Dans l'après-midi, le bon Père Luigi-
Taddeo me fit faire une promenade à travers divers quartiers de la ville, afin de
m'apprendre la topographie de Catane. En
parcourant les rues, je vis sur plusieurs en-
seignes de marchands un prénom qui me
causa la plus agréable surprise ; ce prénom
est *Agatino.* — « Ne vous étonnez pas, me
dit mon guide ; Sainte Agathe est tellement
aimée à Catane qu'au baptême on la donne
pour patronne même aux petits garçons. De
là vient que ce nom charmant d'*Agatino*,
qui signifie l'enfant ou le protégé de Sainte
Agathe, est porté par bon nombre d'hommes. Quant aux femmes, ajouta-t-il, il serait
facile de compter celles qui n'ont pas Sainte
Agathe pour *marraine.* »

En passant devant l'église de l'Immaculée-
Conception qui était ouverte, le P. Luigi-
Taddeo me dit : — « En bons Catanais, en-
trons et saluons Marie. » Les Catanais ont
en effet pour la Très-Sainte Vierge une profonde dévotion. Sous ce rapport la cité de
Sainte Agathe ressemble beaucoup à Rome.
On y trouve fréquemment l'image de Marie
peinte aux angles des rues, ou exposée dans
de petits oratoires toujours ouverts, et dont

la naïve simplicité encourage les épanchements de ce culte populaire. Le bon Père
m'introduisit dans un de ces charmants *par-*
loirs, où Marie reçoit constamment des visites,
où l'on vient la saluer, la féliciter, la remer-
cier, la consulter sur toutes sortes de sujets,
lui faire toutes sortes de demandes, avec
une confiance, une familiarité capable peut-
être de provoquer les sourires de certaine
piété française toujours tirée à quatre épin-
gles, mais assurément plus souvent exaucée
que cette piété si correcte en sa tenue. Qu'il
faisait bon en cet humble séjour! Doux *par-*
loir de Marie à Catane, quand te reverrai-
je?

Le soir avant de rentrer, mon guide me
fit faire le tour d'un grand édifice situé à
l'orient de la Cathédrale, à peu de distance
de l'Archevêché. — « Voilà, me dit-il, le
monastère Saint-Placide. Il est bâti sur
l'emplacement de la maison paternelle de
Sainte Agathe. » Et il me fit remarquer une
plaque de marbre incrustée dans la façade
qui regarde le midi, et sur cette plaque je
lus l'inscription suivante :

AU DIEU TRÈS-BON ET TRÈS-GRAND.

CONCITOYENS D'AGATHE,

POUR ELLE REDOUBLEZ DE VÉNÉRATION EN CE LIEU

OU LA TRADITION PROCLAME

QUE LE PALAIS DE SES ANCÈTRES

FUT MERVEILLEUSEMENT ILLUSTRÉ

PAR SA NAISSANCE

ARRIVÉE LE JOUR DE LA NATIVITÉ DE LA MÈRE DE DIEU

L'AN DU SEIGNEUR 238.

LES SOUBASSEMENTS

OU ELLE SE RETIRA APRÈS LA MORT DE SES PARENTS,

EMBELLIS PAR LA SPLENDEUR DE SES VERTUS,

A L'UNIVERS ENTIER FONT ENVIE.

De cette inscription l'on peut conclure que
Sainte Agathe n'avait pas plus de quinze ou
seize ans lorsqu'elle souffrit le martyre, et
qu'alors elle était déjà orpheline.

Rattachons à cette inscription la tradition
catanaise de la généalogie de Sainte Agathe.

Caius Colonna, fils de l'orateur Elvidius,
et cousin de Néron par la mère de celui-ci,
fut établi gouverneur de la Sicile. Là, il
épousa une jeune et fervente chrétienne de
haute noblesse, nommée Agrippa. De cette
union naquirent Caius Probus, plus tard gé-
néral de l'empire sous Nerva, et Elvidius
qui devint seigneur du château de Galermo

en Sicile, par suite de son mariage avec une noble catanaise nommée Agrippine. Elvidius eut pour fils Agathon Colonna qui embrassa la carrière militaire et s'y fit une réputation. Celui-ci épousa à Palerme Lucia Opilia, fille de Lucius Opilius Rufinus, proconsul de Sicile ; et de ce mariage naquit Raus Colonna, père de l'auguste vierge et martyre *Sainte Agathe* Colonna. Quant à la mère de l'illustre vierge, elle se nommait Apolla.

D'après cette généalogie, on comprend que Sainte Agathe, parlant de la noblesse de son origine, en prenait à témoin toute sa parenté. L'on conçoit aussi que, pour éviter les embûches de Quintianus, la noble vierge se soit retirée à Galermo, puisque le château de Galermo était la propriété de sa famille. On s'explique enfin comment Palerme puisse jusqu'à un certain point disputer à Catane l'honneur d'être le pays natal de Sainte Agathe, puisque c'est à Palerme qu'eut lieu le mariage d'Agathon Colonna et de Lucia Opilia, aïeux de Sainte Agathe. — « Mais, nous autres Catanais, me dit en souriant le P. Luigi-Taddeo, nous sommes forts pour revendiquer nos droits sur ce point. Nous avons pour nous la bulle d'Urbain II, que nous conservons dans la châsse des reliques de notre chère patronne. Et cette bulle porte en toutes lettres : *Agathe née et martyrisée à Catane.* Donc nous pouvons bien le croire. Qu'en dites-vous ? »

— Je dis, mon Père, que je le crois comme vous.

IX.

Sainte Marie de la Rotonde — N.-D. de Lorette et N.-D. de la Salette à Catane.

Une double gloire environne l'église Sainte-Marie *de la Rotonde*. Deux siècles avant Jésus-Christ, un consul romain, Marcellus, ayant fait construire à Catane un temple circulaire, y déposa je ne sais quels simulacres de divinités. L'an 44 de l'ère chrétienne, Saint Pierre passant par là, débarrassa l'édifice des vieilleries païennes qu'il contenait ; puis il le bénit et le dédia à la Reine des Anges. Et le Panthéon de Marcellus devint la première église de Catane. Deux siècles plus tard, dans cette rotonde, ainsi purifiée et sanctifiée, l'on voyait fréquemment entrer une jeune fille, ardente et douce ; et chaque fois son visage était rayonnant. Née le même jour que Marie, Agathe — car c'était elle — venait dans ce temple de Marie apprendre le catéchisme et prier. Cependant la vérité chrétienne, en répandant dans ce jeune

cœur des lumières toujours plus vives, y ac-
tivait en même temps le feu du divin amour.
Bientôt Agathe voulut se consacrer à Dieu
par des liens irrévocables. A la vérité, l'histoire ne nous dit pas où elle reçut le voile
des vierges; mais quel sanctuaire pouvait
mieux que Sainte-Marie *de la Rotonde* con-
venir à cette ineffable cérémonie?

Le R. P. Luigi-Taddeo me fit voir une
autre église. Celle-ci a peu d'apparence,
mais elle contient un monument unique en
son genre, je veux dire la copie en grandeur
naturelle de la Sainte Maison de Lorette.
Rien n'y manque; le revêtement de marbre,
les sculptures, les statues, les inscriptions,
la disposition même des pierres des murs de
la *Santa Casa,* tout y est reproduit avec la
plus scrupuleuse exactitude. Les Souverains
Pontifes ont couronné de leurs bénédictions
ce merveilleux travail : tout fidèle qui visite
ce pieux monument gagne les indulgences
du pèlerinage de Lorette.

Il semble que les Catanais tiennent à honneur de posséder quelque mémorial de tous
les lieux de pèlerinage les plus célèbres. Ils
avaient déjà un sanctuaire de Notre-Dame
de la Garde; ils bâtissent en ce moment

une magnifique église gothique en l'honneur
de Notre-Dame de la Salette, et dans cette
église il y a une chapelle de Notre-Dame de
Lourdes.

X

Le monastère des Bénédictins.
Amplifications des touristes. — Modestie
des Catanaises.

Vers le milieu de la journée du samedi,
j'allai voir le monastère Saint-Nicolas des
bénédictins Ma visite se borna à peu près à
l'église. Deux vénérables religieux qui me
conduisaient, m'apprirent que le couvent
était occupé par des gens bien différents des
moines. — « Comme tous nos frères d'Italie,
me dit l'un d'eux, nous supportons les coups
de la Révolution. Au nom de la loi, on nous
a expulsés de nos cloîtres, et l'on a installé
à notre place des maîtres d'école pour distribuer l'instruction *laïque et obligatoire.* »
— « Et tout à côté, observa l'autre, il y a
des soldats pour distribuer au besoin des
coups de fusil. »

L'église du monastère est assurément la
plus belle et la plus spacieuse des églises
de Catane. Par sa disposition générale et

son style, elle rappelle Saint-Pierre de Rome. Le dôme, plus élevé que celui de la cathédrale, domine toute la ville. L'un des RR. PP. bénédictins me fit entendre l'orgue placé sur une tribune au fond du chœur; cet instrument est d'une suavité de sons sans égale.

Le couvent est admirable comme construction, on le dit la merveille de Catane. Il renferme une bibliothèque et un musée qui sont deux vrais trésors. Il possède en outre un jardin splendide, établi à la hauteur du deuxième étage sur la lave de l'Etna. Les voyageurs, qui ont visité ce couvent, s'étendent longuement dans leurs récits sur ses magnificences. Mais si la splendeur matérielle du lieu a été assez exactement décrite, il n'en est pas de même de la vie des moines qui l'habitaient. Ces vénérables religieux ont été l'objet des bruits les plus absurdes et les plus mensongers. Il n'est pas jusqu'au menu de leurs frugales réfections sur lequel on n'ait fait des amplifications homériques. « On leur sert, dit gravement un touriste épicurien, *huit* plats au repas du matin, et *quatre* au repas du soir. » Le même narrateur avoue d'ailleurs que ces religieux sont

« les plus charitables et les plus bienfaisants
des hommes. » Hélas ! si ces bons bénédictins avaient l'appétit gigantesque qu'on vient
de dire, je me demande ce qu'il leur restait
à donner à cette foule de pauvres qui assié-
geaient leur porte, et n'avaient pas l'air
d'être habitués à s'en retourner, l'estomac
ni les mains vides.

Si les touristes s'étaient bornés à exercer
leur critique sur des choses surprenantes
comme les repas des bénédictins, il n'y au-
rait pas de quoi s'inquiéter. Mais ils ne s'en
sont pas tenus là. L'un d'eux — un vieil
adorateur de la littérature et des arts païens
— s'est livré sur le compte des compatriotes
de Sainte Agathe à des écarts d'imagination
insultants et calomnieux. Les Catanaises, en
particulier, sont de sa part l'objet d'un per-
sifflage fort indécent.

J'avoue qu'après avoir lu quelques pas-
sages de son livre, et vu la tenue peu con-
venable de la foule qui vit et s'agite sur le
port de Naples, je n'étais pas sans appréhen-
sions au sujet de la patrie de Sainte Agathe.
En abordant en Sicile, je fus déjà rassuré ;
mais en entrant à Catane, quelle agréable
surprise ! Le costume des Catanaises est si

modeste et si austère que je le pris tout
d'abord pour un vêtement de religieuses.
Les compatriotes de Sainte Agathe portent
une longue robe, sans façons et sans orne-
ments, de couleur noire ou sombre, et sur
la tête un voile de même couleur dont les
bords se croisent sur leur poitrine ; ce voile
les enveloppe presque entièrement. Leur dé-
marche est grave, leur tenue pleine de dignité. Rarement elles élèvent la voix en
public. — « Sainte Agathe nous a bien pro-
tégés, me dit à ce sujet Mgr l'Archevêque;
jusqu'à présent le luxe n'a pas envahi notre
cité. Toutes les Catanaises ont encore l'an-
tique costume du pays ; si vous voyez une
personne habillée autrement, sachez d'a-
vance que c'est une étrangère. »

O filles, ô sœurs de Sainte Agathe, con-
servez toujours ce noble vêtement que vous
portez avec tant de grâce, et à l'abri duquel
fleurissent si bien les vertus les plus chères
à votre sainte Patronne !

XI

L'église de la fournaise.

En rentrant le samedi soir à l'Archevêché, j'éprouvais une satisfaction singulière de tout ce que j'avais vu à Catane. Cependant ce contentement n'était rien auprès des joies ineffables que l'aimable Patronne de la cité me réservait pour le lendemain. Les exprimer, serait impossible ; je me contenterai d'en retracer les principales circonstances.

Le matin, vers sept heures, le bon Père Taddeo me dit : — « Si vous êtes prêt, je vais vous conduire dans un sanctuaire où vous aimerez, je crois, à célébrer la sainte messe. » Nous partons. Après avoir marché pendant quelques instants dans la rue de l'Etna, au milieu d'une population qui s'endimanche joyeusement, nous prenons à gauche. Bientôt nous nous trouvons en face d'une église à une seule nef, il est vrai, mais élégamment décorée.

— « Voici, me dit mon guide, l'église de la *fournaise*. C'est ici que Sainte Agathe a été roulée sur des charbons ardents et des débris de pots cassés. » Et il ajouta : — « Ici, l'on a une grande dévotion pour Sainte Agathe en cet affreux supplice. C'est pourquoi cette église est l'une des plus fréquentées de la ville. » En effet, la porte ouverte à deux battants, me semblait ne fournir qu'un passage à peine suffisant pour la foule des personnes qui entraient et sortaient.

Je demandai à la sacristie si l'on connaissait l'endroit précis où Quintianus avait fait établir le terrible lit de feu. — « Parfaitement, me fut-il répondu ; l'autel où vous allez offrir le saint sacrifice est érigé sur ce lieu même. » On me conduisit à un autel situé vers le milieu de l'église, et s'adossant au mur du côté de l'épître. A cette messe, plusieurs personnes s'approchèrent de la sainte Table. Je fus ému de voir avec quelle piété elles recevaient le pain des anges ; presque toutes avaient les larmes aux yeux.

Après la messe on me fit passer derrière l'autel pour voir et vénérer la *fournaise* de

Sainte Agathe ('). J'aperçus en effet, sous la table de l'autel, une pierre grande comme une tombe ordinaire, mais plus épaisse. Au centre, elle est affectée d'une cavité circulaire d'un demi mètre de diamètre environ. C'était là que se trouvait le foyer principal ; tout le reste de la pierre était d'ailleurs couvert de charbons enflammés. M'étant agenouillé, je baisai avec respect cette *fournaise* où la vierge sicilienne avait enduré un si cruel supplice. En me relevant, j'aperçus suspendue sous la table de l'autel, une vaste couronne de fleurs qui planait au-dessus de cette pierre consacrée par les souffrances de Sainte Agathe.

(') Le mot *fournaise* rend très-imparfaitement l'expression italienne ; il faudrait dire : *le brûloir*, si ce terme était français.

XII

La prison de Sainte Agathe. — L'empreinte des pieds.

Derrière l'église de la *fournaise*, et un peu
plus haut, on trouve celle de la *prison*, également à une seule nef, et desservie, si j'ai
bonne mémoire, par des Pères Capucins.
Moins riche et moins élégante que la précé-
dente, celle-ci communique avec la prison
de Sainte Agathe, parfaitement conservée,
par une porte percée dans le mur du côté
de l'épître. On m'introduisit dans cette prison. C'est une sorte de caveau allongé, dont
les voûtes sont peu élevées. La lumière ne
peut y pénétrer d'aucune façon. Pour l'exa-
miner il fallut allumer des cierges.

Tout en entrant, à gauche, l'on me fit remarquer une statue de Saint Pierre à l'endroit même où le Prince des Apôtres avait
apparu à l'illustre martyre. Puis on me
montra un petit autel au milieu de la prison.
— « C'est là, me dit un Père capucin, que
notre chère Sainte a expiré. » Et m'ouvrant
le devant de l'autel, il ajouta : — « Saluez

cette pierre, elle a porté le corps inanimé d'Agathe ! »

En ce moment une sorte de frisson passa dans tout mon être. Il me semblait voir ce corps virginal, baigné de sang, baigné de larmes, baigné des flots d'une céleste lumière, gisant là, sur cette pierre. Tremblant d'émotion, je me prosternai et je baisai à plusieurs reprises cette pierre sacrée ; et une pensée traversa violemment mon esprit. — « Mon Dieu, si je pouvais donc mourir ici !... »

Au sortir de la prison, je trouvai un nouveau souvenir de la passion de Sainte Agathe ; je veux parler du rocher qui reçut l'empreinte des pieds de la bienheureuse Martyre, quand les satellites qui la conduisaient tentèrent de la renverser. Ce rocher est enclavé dans le mur à gauche, contre la porte de la prison. L'empreinte des pieds est parfaite et profonde de plusieurs centimètres. Il y a plus ; la forme même de l'empreinte indique visiblement l'impulsion brutale reçue par Sainte Agathe, et l'effort instinctif qu'elle fit pour ne pas tomber. Un bon mathématicien, analysant avec soin la forme de cette empreinte, arriverait peut-être à déterminer la violence de l'impulsion.

XIII

**Santa-Agata la Vetere. — Sainte Lucie.
Une inscription.**

Nous montons encore quelques pas et nous
arrivons à l'église *Santa-Agata la Vetere*.
Là se trouve le tombeau de l'illustre vierge.
C'est une sorte de rocher de marbre jaune-
gris, creusé exprès pour recevoir le corps
très-pur de la douce martyre ; car Agathe,
comme son divin Epoux, fut ensevelie dans
un sépulcre neuf. On peut voir, sous le
maître-autel, ce dernier mémorial des vertus, des souffrances et de la sainteté de
l'*Héroïne du ciel*, comme l'appellent les Catanais ; glorieux tombeau, que la corruption
n'a jamais visité, et qui a rendu intact le
précieux dépôt qui lui avait été confié. Le
rocher est à peine dégrossi, on l'a creusé à
la hâte ; qu'importe ? Il a renfermé l'une des
merveilles de Dieu : un corps de vierge, un
corps de martyre ; et l'innocence et le sacrifice y ont laissé des parfums si puissants et

si durables, que toutes les générations y accourent depuis seize siècles.

Environ cinquante ans après la mort de Sainte Agathe, on vit un jour près de ce tombeau une jeune fille, noble et riche, de Syracuse. Elle avait amené avec elle sa mère, vénérable matrone, affligée depuis longtemps d'une maladie incurable ; elle venait chercher pour cette pauvre mère la santé que les médecins s'avouaient impuissants à lui redonner. Une voix intérieure lui disait que du séjour de la mort allait jaillir la vie. S'étant donc approchée du sépulcre, elle se mit à prier et à verser des larmes abondantes ; et elle embrassait avec effusion cet ineffable tombeau. Au milieu des pieux épanchements de son cœur, le sommeil la surprend tout-à-coup. Et voilà qu'en songe Agathe lui apparaît radieuse, au milieu des anges. — « Ma sœur Lucie, lui 'dit-elle, vierge consacrée à Dieu, pourquoi me pries-tu pour ta mère? Ta foi lui est venue en aide ; la voilà guérie. » Elle ajouta : — « De même que le Christ a glorifié en ma personne la ville de Catane, de même par toi il illustrera la cité de Syracuse ; car dans ton cœur virginal tu as préparé au Seigneur une demeure agréable. « A ces mots, Lucie se réveille, et toute tremblante elle s'approche de sa mère. — « Ma mère, dit-elle, vous êtes guérie. « Peu de temps après, Lucie à son tour cueillait la palme du martyre.

L'église *Santa-Agata la Vetere* possède un souvenir de cette scène touchante. Un peu en avant du tombeau de Sainte Agathe, du côté de l'épître, on a érigé un autel en l'honneur de Sainte Lucie dans le lieu même où elle avait prié ; et près de l'autel se trouve une inscription de marbre qui rappelle cet événement.

En face de l'autel de Sainte Lucie, on voit une autre inscription commémorative de la barbarie de Quintianus :

ICI L'IMPIE QUINTIANUS,
QUE LE SEIN D'UNE MÈRE AVAIT NOURRI,
DÉCHIRA CRUELLEMENT LE SEIN D'AGATHE,
L'AN DU SEIGNEUR 252.

A côté, on aperçoit un *fac-simile* de l'épitaphe placée par les anges au tombeau de Sainte Agathe. Quant à l'épitaphe elle-même, on la conserva à Catane jusqu'en l'an 568 ; alors elle fut transportée à Crémone, où elle reste l'objet de la vénération des fidèles. On raconte que saint Charles Borromée, visitant les reliques de Crémone, ne voulut pas la voir à découvert ; mais se prosternant humblement, il la vénéra après l'avoir encensée trois fois.

XIV

Translation des reliques. — Gilisbert et Gosselin.
Prodige. — Réception des reliques.

Il est vrai que les Catanais gardaient un
autre souvenir de leur sainte patronne, je
veux dire le corps de l'illustre martyre. Cependant, vers le milieu du XIᵉ siècle, ce précieux trésor leur fut ravi pour quelque temps.
A cette époque, Maniacès, ayant été envoyé
par l'empereur de Constantinople pour com-
battre les Sarrasins qui s'étaient emparés de
la Sicile, parvint à expulser totalement de
cette île ces farouches infidèles. Mais pour
prix de sa victoire, il emporta avec lui à
Constantinople les reliques de Sainte Agathe
et de plusieurs autres saints. Les Catanais
accompagnèrent en pleurant la châsse des
reliques jusqu'au rivage, et leurs yeux baignés de larmes demeurèrent attachés au navire qui les emportait jusqu'à ce qu'il eut
disparu à l'horizon.

Mais Dieu, qui avait établi Sainte Agathe

libératrice de sa patrie, voulut qu'elle y revînt ; et pour l'y ramener, il choisit un français. Rien de plus merveilleux et de plus charmant que cette translation des reliques de Sainte Agathe. Elle est racontée par un témoin oculaire et digne de foi, l'illustre Maurice, évêque de Catane.

A Constantinople se trouvaient un seigneur français appelé Gilisbert, et un de ses amis nommé Gosselin, calabrais d'origine. Par une douce nuit de mai, Gilisbert voit en songe Sainte Agathe qui lui commande d'aller prendre ses reliques et de les rapporter à Catane. Et la même vision se reproduit jusqu'à trois fois. Gilisbert en ayant fait part à son ami, ils se concertent pour mettre à exécution l'ordre qui leur venait du ciel.

Une nuit donc, ils s'introduisent secrètement dans l'église où se trouvait la châsse de Sainte Agathe ; puis s'emparant des restes vénérés de la glorieuse martyre, ils les déposent dans des corbeilles préparées d'avance, les couvrent de roses et se retirent.

Le lendemain, au bruit de la disparition des reliques, la ville est en émoi. L'empereur ordonne de faire toute espèce de per-

quisitions sur les voyageurs qui sortent de
Constantinople. Vains efforts! Gilisbert et
son compagnon s'embarquent tranquillement
avec leur précieuse conquête, et bientôt
abordent à Smyrne. Là, Gosselin, effrayé
par un violent tremblement de terre, veut
renoncer à l'entreprise; mais Gilisbert le
rassure. Arrivés à Corinthe, ils restent quelque temps sans trouver de bateau pour con-
tinuer leur route. Mais Sainte Agathe appa-
rait de nouveau à Gilisbert et lui montre à
peu de distance un navire qui les attendait,
et qui les conduit à Tarente en Italie.

Ici se place l'un des prodiges les plus
étranges et les plus gracieux qu'il soit possible d'imaginer. Gilisbert et Gosselin étant
descendus à terre, font offrir le saint Sacrifice sur les reliques de l'illustre vierge; puis,
après avoir pris quelque nourriture, ils retournent vers le rivage. Là, ils essaient de
mieux disposer dans les reliquaires les diffé-
rentes parties du corps très-pur de Sainte
Agathe. Mais par une permission divine, ils
oublient sur le sol un des seins que la sau-
vage férocité de Quintianus avait fait arracher à l'illustre vierge. À quelque distance
se trouvait une fontaine. Bientôt une pauvre

veuve, fort pieuse d'ailleurs et d'une conduite irréprochable, vint à cette fontaine
pour laver du linge ; elle avait avec elle sa
petite fille en bas âge. Fatiguée de son travail, la mère s'endort. Pendant ce temps,
l'enfant fait si bien des pieds et des mains
qu'elle se traîne jusque vers la relique ou-
bliée. « Alors, dit le pieux prélat narrateur,
« elle la saisit avec sa bouche, et commence
« à sucer un lait d'une merveilleuse dou-
« ceur. » Tout-à-coup. Sainte Agathe apparaît à la mère. — « Lève-toi, lui dit-elle, et
vois ta fille qui me prend pour sa nourrice. »
La mère s'apercevant qu'en effet son enfant
avait la relique à la bouche, court avertir
l'Evêque de Tarente. Celui-ci se rend aussitôt
sur le lieu du miracle, suivi de son clergé et
d'une foule de personnes de la ville. Tour à
tour le prélat et les prêtres essaient, mais
sans succès, de reprendre la relique. Alors,
quelqu'un propose de faire emporter l'enfant
jusqu'à Tarente au chant des litanies des
Saints. Et voilà qu'à l'invocation *Sancta
Agatha, ora pro nobis,* la petite fille sourit,
ouvre la bouche, et abandonne la relique qui
fut remise immédiatement à l'Evêque.

Gilisbert et son compagnon continuant

leur voyage arrivent à Messine, où Gosselin demeure pour garder les reliques, tandis que Gilisbert va trouver l'Evêque de Catane, qui était alors à Iacium, et lui raconte tout ce qui s'était passé. Le prélat envoie aussitôt chercher les restes vénérés de Sainte Agathe; et quand il ouvre les reliquaires, un parfum d'une céleste suavité se répand dans toute sa maison. A son tour, il se hâte d'aller à Catane faire part au peuple du merveilleux retour de la Protectrice de la cité.

Le 17 août, eut lieu la translation solennelle des reliques, d'Iacium à Catane. On ne peut se faire une idée de cette cérémonie et de la joie des Catanais en voyant leur chère Patronne revenir habiter parmi eux. L'affluence de la foule était telle, dit le prélat narrateur, que le cortége dût s'arrêter plusieurs fois. Pendant le trajet il s'éleva un vent violent qui éteignit tous les cierges, excepté les deux qui étaient portés devant la châsse des reliques.

Dès le soir de cette journée, l'aimable Sainte signala sa présence·au milieu de ses compatriotes par quatre miracles éclatants. Elle guérit une jeune fille aveugle et percluse d'une main et d'un pied, ainsi qu'une pauvre femme énergumène; elle rendit la parole à un enfant muet, et la vue à une personne qui l'avait perdue depuis cinq ans.

XV

Visite aux reliques. — Le Sacrarium. — Le buste.
La main de Sainte Agathe. — La suprême joie.
La Santa Grimpia. — Nunc dimittis.

Le dimanche, un peu avant midi, je ren-
contrai Mgr l'Archevêque. — « Vous avez
vu, me dit-il, la fournaise, la prison et le
tombeau de notre chère Protectrice; je désire vous faire voir quelque chose de plus
beau encore, mais je ne sais pas si ce sera
possible. » Sa Grandeur entendait parler des
reliques de la glorieuse Martyre. Pour les
visiter, en effet, il faut avoir trois clefs, dont
l'une est à l'Archevêché, l'autre à la cathédrale, et la troisième entre les mains de
l'autorité civile. Or celle-ci, paraît-il, n'accorde pas toujours facilement la clef qui lui
est confiée. — « Cependant, ajouta Monseigneur en souriant, si Sainte Agathe veut que
vous voyiez ses reliques, elle nous procurera
ce qui est nécessaire pour cela. » Moins
d'une demi-heure après, la clef désirée arri-

vait, et le vénéré prélat daignait lui-même me conduire à la cathédrale afin de me montrer le merveilleux trésor.

On commence par allumer les cierges de l'autel Sainte-Agathe, puis, avec les trois clefs, on ouvre une première porte ; derrière celle-ci, on en ouvre une seconde, et l'on me fait entrer dans le *sacrarium* où reposent les reliques. Ce *sacrarium*, de la grandeur d'une petite cellule de religieux, est construit dans l'épaisseur du mur qui sépare le chœur de la cathédrale de la chapelle Sainte-Agathe.

On me fit voir d'abord un grand buste en vermeil représentant la Patronne de Catane. La glorieuse Vierge porte une couronne royale. Elle tient d'une main, en guise de sceptre, une croix et un lis, et de l'autre une représentation de l'épitaphe placée à son tombeau par les esprits célestes. Ce buste, où sont renfermées la tête et la poitrine de Sainte Agathe, est littéralement couvert de pierreries ; et les doigts des mains sont ornés d'autant de bagues et d'anneaux précieux qu'ils peuvent en recevoir.

On ouvre ensuite une châsse gothique d'où l'on extrait plusieurs sachets de soie que l'on dépose sur l'autel. On tire du premier une jambe d'argent qui contenait une jambe et un pied de Sainte Agathe ; dans un autre était enveloppé un bras, également d'argent, renfermant un bras et une main de l'illustre Martyre. Vis-à-vis le pied et la main se trouvent de petites plaques de verre, à travers lesquelles on peut apercevoir distinctement les saintes reliques.

Mais quel ne fut pas mon étonnement, en voyant que ces membres très purs étaient demeurés intacts ! La main surtout est admirablement conservée ; si ce n'était sa couleur sombre, on dirait la main d'une personne en vie. La forme en est ravissante, les doigts sont longs et effilés, et les phalanges parfaitement dessinées. Monseigneur me fit remarquer que l'un de ces doigts avait une espèce de plaie ; la peau est déchirée et l'os mis à nu. — « Voilà, me dit Sa Grandeur, le fruit d'une dévotion excentrique. Autrefois, quand on présentait cette main à la vénération des fidèles, elle n'était pas, comme aujourd'hui, protégée par un verre ; et la morsure d'un malencontreux pèlerin a produit le dégât que vous voyez. » L'examen attentif de cette plaie ne fit qu'augmenter mon admiration ; j'aperçus, en effet, que l'épaisseur de la peau à l'endroit de la déchirure était rouge, comme si le sang était sur le point d'en jaillir.

L'on m'assura que la portion du corps de Sainte Agathe renfermée dans le buste de vermeil n'était pas moins bien conservée. Le visage de la Vierge est, dit-on, tourné vers le ciel ; et ses cheveux, couleur d'aveline, retombent gracieusement sur ses épaules (*).

Après que j'eus vénéré d'autres reliques moins importantes, on me montra le voile de la douce Vierge. A cette vue, je restai muet et immobile de bonheur. Le rêve de ma vie avait été de contempler un jour ce voile béni. Et voilà que je pouvais non-seulement le voir, mais encore le toucher. Même le vénéré prélat, à qui je devais les indicibles joies de cette journée, m'y encourageait avec la plus ineffable bonté. — « Oh ! me disait-il, ne craignez pas. Touchez ce voile, baisez-le, prenez-le dans vos mains ; Sainte Agathe vous le permet. » J'obéis à Sa Grandeur, mais j'avoue qu'à ce moment je

---

(*) On ne peut voir ces reliques, parce que le buste qui les contient est fermé par une soudure.

n'avais plus guère le sentiment de ce que je faisais.

Le voile de Sainte Agathe, nommé aussi la *Santa Grimpia*, me parut une simple écharpe de soie de couleur rose-pâle. Il peut avoir la longueur d'un mètre et demi à deux mètres, et il est large environ d'un demi-mètre. D'après la tradition, ce voile tout d'abord était blanc ; mais les bourreaux l'ayant laissé à Sainte Agathe pendant qu'ils la roulaient sur la fournaise, il prit miraculeusement la couleur des charbons ardents qu'il avait touchés sans cependant en subir la moindre atteinte.

Ensuite nous nous mîmes à genoux devant l'autel sur lequel étaient déposées ces merveilleuses reliques, et Mgr l'Archevêque récita à haute voix une antienne avec l'oraison de la bienheureuse Vierge-Martyre. Puis on replaça le tout dans le *sacrarium*, et nous nous retirâmes. Mais tout le reste de la journée, il me semblait entendre une voix mystérieuse murmurer à mon oreille le cantique du saint vieillard Siméon : *Maintenant, Seigneur, votre serviteur peut s'en aller en paix.*

XVI

Fêtes de Sainte Agathe. — Le 5 février.

Deux fois par an, les reliques de la Vierge catanaise sont exposées à la vénération des fidèles : c'est le 5 février, jour de la fête de la Sainte, et le 17 août, anniversaire de la translation de ses reliques.

Rien n'est comparable à la fête de février. A vrai dire elle commence le 3 de ce mois ; et dès le soir du 2, elle est annoncée par des décharges de mousqueterie. Dans la matinée du 3, les diverses corporations de marchands et d'industriels viennent processionnellement offrir chacune un grand et magnifique cierge à la Patronne de Catane. Le soir, au milieu d'une illumination splendide, des bandes de jeunes gens, portant des flambeaux et des lumières de feux de bengale, sillonnent la ville en tous sens ; ils chantent, avec accompagnement d'instruments de musique, des cantiques populaires en l'honneur de Sainte Agathe.

Dès le matin du 4 février, les rues de la cité sont ornées ; des oriflammes flottent partout, et d'élégantes décorations couvrent les murs des édifices. Bientôt le corps de Sainte Agathe sort de la cathédrale, on le place sous un dais garni de lames d'argent. Au milieu d'un concours immense de fidèles et d'un enthousiasme indescriptible, il commence à parcourir les rues de la ville. — « C'est plutôt une promenade triomphale qu'une procession, me disait le bon Père Luigi-Taddeo ; aussi l'appelons-nous *il giro trionfale*, la *tournée triomphale* de Sainte Agathe. » Le soir on reconduit la Sainte à la cathédrale, et l'on chante solennellement les premières Vêpres. Le vêtement traditionnel de ceux qui font partie de la procession est une sorte d'aube blanche, un peu moins longue que celle des prêtres. Les membres du *Cercle de Sainte-Agathe* portent en outre sur la poitrine une image de la glorieuse Vierge.

Le lendemain matin a lieu la messe pontificale ; elle est suivie du chant du *Te Deum*, après quoi Monseigneur accorde solennellement l'indulgence plénière. Dans l'après-midi Sainte Agathe reprend et termine sa *tournée triomphale*.

Pendant ces trois jours de fête, les habitants de Catane ne se saluent que par ces mots : *Vive Sainte Agathe !*

XVII

**Caractère de Sainte Agathe. — Sa douceur.
Sa bonté. — Sa fermeté.**

Les innombrables et merveilleuses faveurs
obtenues par l'intercession de Sainte Agathe, ont depuis longtemps rendu son culte
populaire en Sicile. L'Italie entière s'en est
ressentie ; la France elle-même n'a pas
échappé à cette salutaire influence, et l'une
des provinces arrachées du sein de la mère-
patrie par la désastreuse guerre de 1870,
l'Alsace, s'est toujours distinguée par une
dévotion spéciale envers la Vierge catanaise.
Cependant, il faut l'avouer, le culte de
Sainte Agathe en France ne ressemble guère
à celui qu'elle reçoit en Sicile ; et la raison,
bien simple, de cette différence, c'est que
Sainte Agathe est très-imparfaitement connue parmi nous.

Nous nous formons de cette admirable
Martyre une idée incomplète, sinon fausse.
Nous ne voyons en elle qu'une jeune vierge,

modeste, délicate, solitaire, à qui le monde
faisait peur, et que les souffrances ont en-
levée de dessus la terre comme la faux en-
lève une fleur de la prairie. Ne nous semble-
t-il pas qu'elle tienne aujourd'hui sa place
au ciel avec une sorte de timidité?

Sans doute Sainte Agathe possédait à un
degré éminent la modestie du cœur et la dé-
licatesse de la conscience : sans doute elle
fuyait le monde et aimait la solitude ; mais
il y avait autre chose dans cette âme privi-
légiée. Sainte Agathe était d'une douceur
de caractère sans égale, et une exquise sen-
sibilité lui faisait verser souvent d'abondantes larmes. Toutefois, remarquons-le, ce
n'était point une douceur fade, une sensibi-
lité de petite dévote; c'était une douceur
puissante, provenant d'une immense et ardente charité. C'était une *tendresse* d'une
incomparable énergie pour Dieu et pour les
âmes. Sainte Agathe portait bien son nom.
— *Agathe* veut dire *bonne*. — La bonté dé-
bordait de son cœur, et le dévouement était
le cachet distinctif de toutes ses actions. Il
n'est pas jusqu'à la malheureuse Aphrodisia
qui n'en ait eu des preuves. La tradition rapporte que Sainte Agathe en proie aux sol-

licitations de cette vilaine mégère, la sup-
pliait de songer à Dieu et au salut de son
âme.

Il faut ici le dire bien haut, il faut rendre
cet hommage au caractère ineffablement aimable de la Vierge catanaise, il faut le pu-
blier pour la joie et la consolation de tous
ceux qu'une filiale confiance prosterne à ses
pieds : au ciel, la glorieuse Martyre est, si
l'on peut parler de la sorte, plus *Agathe* encore que sur la terre. « Je suis très heureux
de votre amour pour notre sainte Patronne,
écrivait Mgr de Catane à un français en
1870. *Elle est si bienfaisante!... Vous en
aurez toujours beaucoup de grâces.* » Faut-il
ajouter, d'après des renseignements parfaitement sûrs, que la parole et la promesse du
vénéré prélat se sont vérifiées de tout point,
pour toutes les personnes qui ont imploré la
protection de l'illustre Vierge ? — « O Mar-
« tyre, s'écriait Saint Méthodius, ô Vierge
« cent fois, mille fois *bonne!* Aucune autre
« vierge n'a aimé, comme vous, ses conci-
« toyens, et répandu ses bienfaits à pleines
« mains, même sur les étrangers. »

Mais ce n'est pas tout ; Sainte Agathe devant Quintianus nous montre l'étonnante

vigueur et l'ardente énergie de son caractère. Quelles flèches de feu que ses réponses
au proconsul ! Quel calme et quelle fermeté
au milieu des supplices les plus affreux !
L'héroïsme semble s'incarner, pour ainsi dire,
en sa personne.

Douceur et force : c'est sous ces traits que
les Catanais honorent leur Protectrice. Pour
eux, Sainte Agathe est une *amazone invincible,* selon le mot de Saint Grégoire-le-
Grand, et une reine toute clémente. L'amazone dompte ou détruit les ennemis, la reine
répand ses bienfaits ; ainsi Sainte Agathe
captive doublement les cœurs.

XVIII

Patriotisme et Foi des Catanais.

Les Catanais sont fiers de leur Patronne,
qu'ils appellent dans les actes publics leur
Concitoyenne. A l'inauguration solennelle du
Cercle de Sainte-Agathe, le 21 novembre
1875, on lisait, au portail de l'église où la
cérémonie avait lieu, l'inscription suivante,
en lettres gigantesques :

*Les honorables et zélés Catanais, qui ont
fait le serment sacré de rendre plus splendides les Fêtes de leur très-chère Concitoyenne, Sainte Agathe, en inaugurant leur
Cercle sous un si beau nom, invitent à cette
solennité la Patrie.*

La Patrie : ce dernier mot révèle un dernier caractère du culte de Sainte Agathe
dans sa ville natale, je veux dire le caractère
patriotique. Comme tous les italiens, les
Catanais ont un vif sentiment de patriotisme ; mais pour eux la Patrie se person-
nifie dans Sainte Agathe. Aimer et honorer

Sainte Agathe, c'est être bon patriote, c'est être bon Catanais. On conçoit par là comment les idées révolutionnaires, semées à profusion par les journaux et les mauvais livres, ne pénètrent que difficilement dans la cité de Sainte Agathe. En Italie, en effet, ces idées funestes se cachent sous le masque d'un faux patriotisme. Mais à Catane ce masque grimace visiblement en face de la douce et rayonnante figure de la glorieuse Vierge.

Grâce à cette dévotion, la foi et la piété règnent encore au sein du peuple catanais. Tandis, par exemple, que les femmes forment presque partout la majeure partie du cortége dans les processions, à Catane elles n'y sont pas même admises. Les nombreux Cercles religieux de cette ville fournissent plus d'hommes qu'il n'en faut pour composer des processions splendides. Ainsi encore, l'on peut voir plus d'un dixième de la population catanaise enrôlé sous l'étendard de l'*Apostolat de la prière.*

XIX

Le coton de Sainte Agathe.

A raison des cruelles tortures qu'elle a
endurées, Sainte Agathe est invoquée comme
patronne des jeunes mères de famille et des
nourrices, et comme protectrice contre l'in-
cendie. Le coton que l'on fait toucher à son
voile ou à ses reliques, est recherché par les
fidèles avec un pieux empressement. On
l'emploie fréquemment et avec succès contre
toute espèce de souffrances corporelles, et
contre les dangers de toutes sortes. On rapporte qu'à l'une des dernières grandes éruptions de l'Etna, un Catanais, qui avait une
vigne située sur le flanc de la terrible montagne, voyant venir la lave, se hâta de déposer autour de sa propriété quelques brins
de ce coton béni. Et la lave, se divisant contre ce frêle rempart, entoura la vigne sans
y pénétrer.

J'eus le bonheur, avant de partir, de recevoir de Mgr l'Archevêque, parmi une mul-

titude de souvenirs précieux un peu de ce coton que Sa Grandeur avait fait toucher au voile de Sainte Agathe, avant de renfermer les reliques dans le *Sacrarium*. (*)

(*) Plusieurs personnes ont depuis éprouvé la vertu salutaire de ce coton béni. Il s'est même produit des faits très-remarquables. Toutefois, pour ne pas surcharger ces notes de voyage, d'événements survenus dans la suite, je me bornerai à rapporter une guérison qui s'est opérée au mois d'août 1876 dans la paroisse de Saint-Maurice-sur-Vingeanne, du diocèse de Dijon.

Je dois avertir ici les lecteurs que, si cette guérison présente les apparences d'un miracle, le jugement sur ce point appartient et reste absolument à l'autorité ecclésiastique.

Jean-Baptiste Voituret, âgé de 34 ans, garde-champêtre de la commune de Saint-Maurice-sur-Vingeanne, portait une maladie de cœur qui datait de loin. Mais depuis un an, il souffrait horriblement. Il en était venu à un tel point, qu'une hydropisie à l'état aigu avait tout envahi, et ne laissait aucun espoir de guérison.

Le 20 août, le médecin vint le voir; M. le Curé se trouvait présent à cette visite. En sortant, le docteur lui dit : « Le malade n'a plus que quelques heures à vivre. » C'était bien l'opinion de M. le Curé ; aussi avait-il déjà apporté au pauvre infirme le Saint-Viatique.

Le lendemain, M. le Curé partit à Dijon pour prendre part à la retraite ecclésiastique. Il en revint le 26 à minuit. Sa première pensée fut de demander quel jour Voituret était mort. « Mort? lui fut-il répondu, mais il est parfaite-« ment guéri ! Tout le monde croit à un miracle. C'est à « n'y rien comprendre : l'hydropisie a disparu dans une « seule nuit. » Le matin venu, M. le Curé s'empressa d'aller chez Voituret qui s'écria en le voyant : « Monsieur

XX

Dernière visite. — Adieux.

Le lundi matin, le bon Père Luigi-Taddeo me conduisit de nouveau à la *prison* de Sainte Agathe, et j'eus le bonheur d'offrir le saint sacrifice sur l'autel érigé à l'endroit même où l'illustre Vierge rendit le dernier soupir. Après ma Messe, je revins faire mon action de grâces dans ce lieu où la veille j'avais éprouvé une si vive émotion. Avant de quitter ce sanctuaire, je vénérai de nouveau la pierre qui est sous l'autel, et je baisai une dernière fois l'empreinte des pieds de la glorieuse Martyre.

Cependant, le moment du départ approchait. Il est vrai qu'un excès de bienveillance de Monseigneur me pressait d'attendre en-

« le curé, Sainte Agathe m'a guéri ! » En effet, il n'y avait pas à douter : il était parfaitement guéri. Et quel remède avait-il employé ? Depuis un mois il portait sur le côté gauche, siège du mal, un flocon du coton de Sainte Agathe ; et pendant tout ce temps il n'avait cessé de prier et d'espérer, alors que tout le monde désespérait.

core. Mais les heures de mon pèlerinage
étaient comptées. D'ailleurs, l'avouerai-je ?
à chaque instant de mon séjour dans la ville
de Sainte Agathe, je sentais se former des
liens puissants qui m'attachaient de plus en
plus à ce sol béni ; et il me semblait que si
j'étais resté plus longtemps, je n'aurais pu
ensuite m'éloigner de Catane sans un déchi-
rement intérieur trop violent.

Ayant donc imploré une dernière bénédiction de Sa Grandeur, et fait mes adieux au
P. Luigi-Taddeo, ainsi qu'à ses aimables
collègues, les RR. PP. Paolo Proto et Lu-
ciano Marceno, je quittai cette chère cité,
dont le souvenir restera toujours gravé dans
mon âme. Et pendant que la locomotive fré-
missante m'entraînait vers Messine, mon
cœur redisait :

> *Catane,* avant que je t'oublie,
> Que ma droite sèche à jamais !
> Si je porte ailleurs mes souhaits,
> Que ma langue à jamais se lie,
> Muette et morte, à mon palais! (*)

(*) L. Veuillot.

XXI

Pèlerinage catanais. — Sainte Agathe en France.

Le 19 juin 1876, une caravane de sept pèlerins siciliens quittait Catane et se dirigeait du côté de Rome. Le 21, ces pieux voyageurs arrivés dans la Ville Eternelie, étaient reçus en audience par le Souverain Pontife, qui leur disait :

— Allez, mes enfants, allez faire votre pèlerinage, et que Dieu vous bénisse et vous accompagne.

Le 26 du même mois, on les voyait monter à Notre-Dame de la Garde, à Marseille. Quelques jours plus tard, au couronnement de Notre-Dame de Lourdes, on ne pouvait se lasser de contempler ces vaillants pèlerins, revêtus de la robe blanche du *Cercle de Sainte Agathe*, et portant sur leur cœur l'image de leur auguste Patronne. Sur la poitrine de l'un d'eux brillait en outre la croix pastorale.

Après Lourdes, Paray-le-Monial recevait leur visite. Le lendemain, on les apercevait gravissant la colline de Fourvières.

Deux jours après, on les retrouvait sur la montagne de La Salette, toujours pleins de ferveur, ne cessant de répandre autour d'eux un parfum d'ineffable édification. A leur départ de La Salette, toutes les cloches s'ébranlent. Vingt-quatre heures ne s'étaient pas encore écoulées, qu'on les revoyait à Annecy, prosternés près du tombeau de Saint François de Sales.

Ces nobles et intrépides voyageurs étaient : Mgr Dusmet, Archevêque de Catane, et les RR. Pères Della Marra, Chiaranda, Proto et Marceno, secrétaires et familiers de Sa Grandeur. A cette vénérable troupe s'était joint le pieux et savant ingénieur catanais Carmelo Sciuto-Patti.

Sous l'impulsion de cette foi ardente qui est comme le patrimoine des compatriotes de Sainte Agathe, ces admirables frères de Sicile sont venus visiter notre patrie, non point en touristes, mais en pèlerins, mais en apôtres. Sur leur chemin, Dieu sait ce qu'ils ont semé de prières, et quelle abondance de grâces l'Eglise et la France moissonneront de leurs pieuses supplications. Car en volant pour ainsi dire de sanctuaires en sanctuaires, ces anges de l'Eglise catanaise ne cessaient de prier. Ils priaient pour Rome, et pour son auguste Pontife, et pour la Sicile, et pour leur chère cité. Ils priaient aussi pour la Fille aînée de l'Eglise; et ces prières, et cette course rapide elle-même, restent pour nous une prédication merveilleuse.

Dieu multiplie ses miséricordes sur notre pays : ils ne sont pas venus seuls. Sainte Agathe les accompagnait dans leur pèlerinage ; Sainte Agathe est restée avec nous. Se souvenant de son fidèle serviteur et chevalier Gilisbert, Elle a inspiré à l'éminent prélat de sa cité natale d'enrichir de ses reliques les principaux sanctuaires qu'il venait visiter. Grâce à la générosité de Mgr Dusmet, la France compte visiblement une protectrice de plus. Aujourd'hui, Sainte Agathe est à La Salette ; elle est aussi à Lourdes, elle est encore à Paray-le-Monial, s'associant ainsi à notre repentir, à notre espérance, à notre salut. Mais qui nous dira tout ce que nous pouvons attendre de cette céleste sympathie de la Vierge catanaise pour nous ?

Une dernière remarque. Sainte Agathe est aussi à Rome, et Rome et la France catholique ne font qu'un. Par une mystérieuse disposition de la Providence, le vénéré Pontife romain, qui ne cesse d'appeler la miséricorde de Dieu sur notre patrie, l'auguste Pie IX, a été élevé à la dignité papale précisément le jour de la fête du Patronage de Sainte Agathe.

COURONNE DE LOUANGES ET DE PRIÈRES

A LA GLORIEUSE VIERGE CATANAISE SAINTE AGATHE

première Martyre sicilienne

(Traduit de l'Italien.)

Au nom du Père, et du Fils, etc.
O Dieu, venez à mon aide, etc.
Gloire au Père, etc.

I

Douce et gracieuse Vierge,
Céleste Epouse de Jésus,
Qui, pour défendre votre foi,
Avez foulé aux pieds
Les menaces et les vains honneurs
D'un Préteur inique et criminel ;
Faites qu'en nous vivent réunies,
La vraie foi, l'espérance et la charité.

Notre Père. Je vous salue. Gloire au Père.

O Héroïne du Ciel, ravissante AGATHE,
Soyez mon Etoile propice à l'heure de ma mort.

II

Contrainte d'habiter
L'impure demeure d'Aphrodisie,
Votre cœur est constamment resté
Fidèle à votre divin Epoux :
Vous avez rendu vaines
Les folles rages de l'enfer ;
Faites que toujours de la chair et du monde
Nous ayons une profonde horreur.

Notre Père. Je vous salue. Gloire au Père.

O Héroïne du Ciel, ravissante AGATHE,
Soyez mon Etoile propice à l'heure de ma mort.

III

Remplie d'une ardeur divine,
Vous retrouvez un nouveau courage
En entendant les audacieux blasphémes
Que le Tyran profère :
Couvert de confusion, l'impie
Ordonne qu'on vous soufflette ;
Faites que nous supportions les mépris,
Afin d'obtenir les joies éternelles.

Notre Père. Je vous salue. Gloire au Père.

O Héroïne du Ciel, ravissante AGATHE,
Soyez mon Etoile propice à l'heure de ma mort.

IV

Vous êtes un modèle de patience
A l'image de votre divin Epoux .
Sur le chevalet on vous lie,
Et l'on vous déchire cruellement :
Enfin l'on arrache les seins
De votre poitrine sacrée ;
Faites que nous ayons la force
De souffrir toute espèce d'amertumes.

Notre Père. Je vous salue. Gloire au Père.

O Héroïne du Ciel, ravissante AGATHE,
Soyez mon Etoile propice à l'heure de ma mort.

V

Pour guérir vos chastes blessures,
Pierre, choisi de Dieu, descend
Avec une céleste médecine ;
Mais vous, héroïque Amazone,
Vous refusez l'ineffable baume
Pour souffrir davantage ;
Faites que le monde, son esprit et sa corruption
Ne nous séduisent jamais.

Notre Père. Je vous salue. Gloire au Père.

O Héroïne du Ciel, ravissante AGATHE,
Soyez mon Etoile propice à l'heure de ma mort.

VI

Jetée sur brasier ardent,
Le feu vous respecte ;
Mais le Ciel s'irrite
D'un si barbare attentat,
Il lance ses foudres les plus terribles
Contre l'Impie et ses Conseillers ;
Faites que nous détestions l'erreur,
Pour éviter les flammes éternelles.

Notre Père. Je vous salue. Gloire au Père.

O Héroïne du Ciel, ravissante AGATHE,
Soyez mon Etoile propice à l'heure de ma mort.

VII

Ramenée à la prison,
Guerrière intrépide,
Victorieuse et triomphante,
Là, vous tombez expirante,
Offrant à Dieu votre corps, votre vie,
En sacrifice d'agréable odeur ;
Faites que nous ayons le bonheur
D'obtenir la même mort.

Notre Père. Je vous salue. Gloire au Père.

O Héroïne du Ciel, ravissante AGATHE,
Soyez mon Etoile propice à l'heure de ma mort.

PRIÈRE A SAINTE AGATHE
pour l'Église et la France

Je vous salue, Sainte Agathe, Vierge Martyre, qui avez généreusement donné votre vie pour la gloire et l'amour de Notre Seigneur, et qui avez préféré subir les plus affreux supplices plutôt que de perdre votre virginité. O vous, dont le cœur est un trésor de tendresse et de générosité, du haut de votre trône de gloire, jetez un regard de bonté sur tous ceux qui, mettant en vous leur confiance, aiment à se dire vos enfants ; prenez-les sous votre spéciale protection et daignez les bénir.

Illustre Vierge, si chère au Cœur de Jésus, qui avez mérité de recevoir du Ciel même le titre de *Libératrice* de votre patrie, soyez, nous vous en prions, la Libératrice de la sainte Eglise ; délivrez son auguste Chef de l'inique captivité où la perfidie révolutionnaire, approuvée et encouragée par la faiblesse et l'hypocrisie libérale, le retient prisonnier.

Bienheureuse Martyre, qui avez confié jadis à un Français l'honneur d'arracher vos saintes reliques des mains étrangères qui les avaient ravies, et de les rapporter de l'exil dans votre terre natale, jetez sur notre infortuné pays un regard de compassion. Vous avez préservé votre patrie des feux de l'Etna ; préservez-nous des dangers du volcan révolutionnaire.

O bonne Mère et puissante Protectrice, cachez vos enfants sous votre manteau virginal et gardez-les sous ce doux abri, jusqu'à ce que Dieu les appelle au bonheur de contempler vos traits bénis et de jouir de votre société pour toujours. — Ainsi soit-il.

Nous attachons une indulgence de 40 jours à la récitation de cette prière.

Catane, 24 septembre 1875.

† Joseph-Benoît DUSMET,
archevêque.

Vu et approuvé :

JEAN, évêque de Langres.

4*

SOUVENIRS DE MUGNANO

CHAPITRE I

De Naples à Mugnano.

J'aime à recommander mes voyages à Sainte Philomène ; toutes les fois que je l'ai fait, je m'en suis
très-bien trouvé. Cette illustre thaumaturge ne dé-
daigne pas de descendre aux petits détails, et de répandre, en des circonstances apparemment très-vul-
gaires, de visibles bienfaits sur ceux qui l'invoquent.

Avant de partir en Italie, j'étais allé dans un de
ses sanctuaires m'agenouiller au pied de son autel,
et je lui avais demandé de bénir mon pèlerinage.
Tout-à-coup il me vint à l'esprit que je devais visiter Naples ; Naples n'est pas loin de Mugnano.
— « Bonne Sainte Philomène, faites que je vous salue bientôt à Mugnano ! »

Sainte Philomène m'a exaucé.

J'étais de retour à Naples après avoir vu la Sicile,
et son soleil brûlant, et son Etna fumant, et Catane,
et les souvenirs merveilleux de Sainte Agathe. J'a-
visai un brave Napolitain, et je lui demandai où se
trouve Mugnano.

— Mugnano? me répondit-il, il y a plusieurs villages de ce nom dans nos environs.

— Mais enfin, le Mugnano le plus célèbre, le Mugnano de Sainte Philomène ?

— *Santa Philumena ?...* connue. Mais je ne sais pas au juste où se trouve le Mugnano de *Santa Philumena.* C'est probablement du côté de Nola. Vous pourriez prendre le chemin de fer jusqu'à Nola, où l'on vous donnera, je crois, toutes les indications que vous désirez.

Peu satisfait de ce renseignement qui n'était rien moins que précis, j'adressai la même question à d'autres personnes ; j'obtins la même réponse. Que faire ?... Me confiant en la protection de Sainte Philomène, je pris le chemin de fer de Nola.

Avis aux personnes qui désirent se rendre à Mugnano : Demander *Mugnano del Cardinale.*

Au moment où je montais en wagon, d'épais nuages roulaient sur les flancs du Vésuve, et des éclairs sillonnaient la noire montagne. Bientôt survint une pluie torrentielle. C'est au milieu de cette pluie que j'arrivai, vers neuf heures du soir, à Nola, petite ville qui m'était complètement inconnue, et dont l'éclairage nocturne me fit oublier que je vivais dans le siècle des lumières.

Je demandai l'Hôtel de la Poste, le seul marqué sur les *Guides* Joanne. Une espèce de *facchino,* dont l'habit troué outre mesure chantait opulence, me conduisit dans une auberge où je trouvai deux

paysans en train de jouer aux cartes sur une chaise,
tandis qu'une demi-douzaine d'autres compères en-
gloutissaient de formidables assiettes de macaroni.
C'était primitif, mais suffisamment propre, et pas
cher. D'ailleurs je fus reçu, je dois le dire, avec des
égards particuliers.

Le lendemain, à l'aube du jour, je pris une voi-
ture et je partis à Mugnano. La matinée était claire
et d'une fraîcheur délicieuse. Tout dans cette fertile
campagne semblait être en liesse. Sous l'impulsion
d'un vent léger, les peupliers saluaient doucement,
la vigne se balançait sur ses échalas, les oliviers
branlaient la tête et paraissaient sourire ; un fré-
missement joyeux courait dans toute la plaine. Sur
une route aussi spacieuse qu'agréable, des attelages
rustiques et pleins de gaîté nous croisent à tout instant ; sur les visages on lit l'honnêteté, la santé, la
vigueur. On peut deviner que Sainte Philomène
n'est pas loin. Entre Cancello et Cardinale cinq ou
six jeunes paysannes, de dix-huit à vingt ans, au
teint bronzé, et pieds nus, s'en vont portant brave-
ment sur leur tête, dans d'immenses corbeilles,
assez de pain chacune pour nourrir pendant six se-
maines un bourgeois de premier appétit.

Bientôt des montagnes coupées de gorges profondes
se dressent devant nous. Au pied de ces montagnes
j'aperçois Mugnano.

CHAPITRE II

Le sanctuaire de Sainte Philomène.

L'église de Mugnano, où reposent les reliques de Sainte Philomène, est située à l'entrée du village, à gauche de la route. On y arrive par une allée en pente d'environ cent mètres. La façade, recouverte de stuc jaune, est flanquée de deux tours terminées par des plates-formes.

Je fus reçu sur le portail par un vénérable capucin, qui me souhaita la bienvenue, et m'embrassa avec tant de cordialité, que j'étais perdu dans sa magnifique barbe.

— Vous êtes prêtre français, me dit-il. Nous aimons beaucoup les Français. Que désirez-vous ?

— Avant tout, *mio Padre*, je désire célébrer la sainte messe devant les reliques de Sainte Philomène.

— Très-bien ! Sœur *Generosa* Tavernier, une de vos compatriotes, va vous préparer tout ce qui est nécessaire.

En entrant à l'église, je remarquai à droite une salle assez spacieuse, communiquant avec l'église par une large porte. C'est la salle des *Offrandes*, ainsi nommée parce qu'on y reçoit les offrandes des fidèles. On y trouve aussi les médailles, les images et tout ce qui a trait au culte de Sainte Philomène. Une religieuse était installée à la porte de cette salle. Aussitôt qu'elle me vit, elle s'approcha en souriant. C'était la sœur Tavernier dont m'avait parlé le bon Père Capucin. Elle me conduisit à la sacristie.

— Que je suis heureuse de vous voir ! me dit-elle.

La joie de la bonne sœur augmenta quand je lui fis connaître mon diocèse. — « Mais nous sommes presque du même pays ! s'écria-t-elle. » Elle ajouta : — « Vous allez dire votre messe devant la châsse de notre chère Sainte ; après quoi, je vous retrouverai. »

Je commençais le Saint Sacrifice, quand l'orgue résonne tout-à-coup. Des voix enfantines entonnent une sorte de litanies d'un entrain incomparable. Avec la prononciation italienne, c'était naïf, c'était charmant ; mais surtout, c'était gai, c'était gai !...

Après ma messe, sœur Tavernier me présenta à un ecclésiastique de Marseille, neveu, si je ne me trompe, du recteur de l'église de Mugnano. Cet excellent prêtre daigna lui-même me montrer en détail le sanctuaire de Sainte Philomène.

L'église de Mugnano, d'architecture italienne, n'a qu'une seule nef. Elle est dédiée à *Notre-Dame des Grâces*. Au-dessus du sanctuaire s'élève une coupole assez élégante ; le maître-autel et la balustrade sont de marbres précieux. Deux chapelles y sont consacrées à Sainte Philomène : ce sont les chapelles du milieu de la nef. L'une, du côté de l'évangile, splendidement décorée, contient la châsse où sont renfermés les ossements de l'illustre Vierge. L'autre en face, du côté de l'épitre, nommée *Chapelle Sépulcrale*, possède les morceaux de la dalle qui fermait le *loculus* de la sainte Héroïne dans les catacombes, et sur laquelle sont peintes en rouge les lettres de la célèbre inscription :

FILUMENA PAX TECUM .

ainsi que les figures symboliques de la virginité et du martyre : une ancre, des flèches, un fouet, un lis, une palme.

La première chapelle à gauche, en entrant, est dédiée à Saint-Joseph. Comme on décorait l'autel de la chapelle de Sainte Philomène, la châsse des reliques se trouvait placée ce jour là dans la chapelle Saint-Joseph.

Les ossements de l'auguste Martyre sont enfermés dans une statue de carton royalement vêtue. Cette statue, primitivement couchée, est aujourd'hui assise à moitié ; la tête et le buste sont appuyés contre des coussins. La main droite tient une flèche, la main gauche une palme et un lis.

On conserve le sang de la glorieuse Vierge dans une ampoule de cristal, fixée à un reliquaire d'argent doré. Le jour de mon pèlerinage ce reliquaire était déposé dans la *Chapelle sépulcrale.*

* Le long de la nef, on aperçoit des groupes de statues, qui forment comme des stations représentant

les principaux traits de la vie et du martyre de
Sainte Philomène. Les vêtements d'étoffe dont on a
recouvert ces statues, et la peinture des visages et
des mains, donnent à ces groupes une physionomie
d'un naturel et d'une énergie remarquables.

CHAPITRE III

Histoire de Sainte Philomène.

Le corps de Sainte Philomène, trouvé dans les catacombes le 25 mai 1802, puis donné à l'abbé De Lucia, curé de Mugnano, fut transporté dans sa patrie adoptive le 10 août 1805. De nombreux miracles accompagnèrent cette translation.

Cependant on ignorait l'histoire de celle qui allait devenir la grande thaumaturge du XIXᵉ siècle. Mais Sainte Philomène apparaissant en trois lieux différents, à trois personnes qui ne se connaissaient pas, leur révéla cette histoire, dont voici l'abrégé fait par l'abbé De Lucia lui-même.

« — Je suis, dit Sainte Philomène, fille d'un roi de Grèce. Mes parents n'avaient point d'enfants, quand survint un médecin romain, nommé Publius. Mes parents le consultèrent à ce sujet. Ce médecin était chrétien : « O Roi, dit-il à mon père, si vous désirez des enfants, il faut recevoir le baptême et embrasser la religion chrétienne. » Mes parents y consentirent de suite. Ils se firent instruire et reçurent le baptême avec plusieurs seigneurs de leur cour. Je vins au monde l'année suivante, et l'on m'appela

Philomène. A dater de cet événement, quantité de mes compatriotes se firent chrétiens.

« Elevée dans la religion de Jésus-Christ, je reçus la sainte communion pour la première fois à cinq ans. A onze ans, je fis à Dieu vœu de virginité. J'avais treize ans, quand Dioclétien déclara la guerre à mon père. Celui-ci, pour éviter une effusion de sang, alla à Rome afin de traiter de la paix, et il m'emmena ainsi que ma mère.

« Arrivés à Rome, nous nous présentâmes à Dioclétien dans son palais des Thermes. L'Empereur m'ayant vue, promit aussitôt à mon père paix et protection, à condition que je deviendrais son épouse. Mon père y consentit et nous nous retirâmes. Mais quand après il me fit part de cet arrangement, je répondis : C'est impossible ; j'ai consacré ma virginité à Jésus-Christ. Mes parents me supplièrent : « Ma fille, disaient-ils, aie donc pitié de ton père, de ta mère, de ta patrie ! » Je répondis : Mon père, c'est Dieu ; ma patrie, c'est le ciel.

« Cependant, de son côté, Dioclétien pressait. Mon père enfin lui dit : « Philomène ne veut pas se marier. « Amenez-moi cette jeune fille, repartit l'Empereur ; il y a ici des dames romaines qui la décideront. » Mon père obéit. Il me présenta à l'Empereur, qui me reçut avec bienveillance et me confia aux dames romaines. Je fus ainsi séparée de mes parents.

« Il n'est pas d'efforts, ni de ruses, que ces

femmes romaines n'employèrent pour me persuader d'accepter la main de Dioclétien ; mais je demeurai inflexible. L'Empereur l'apprenant, et se voyant déçu dans ses espérances, me fit appeler et me dit : « Tu ne veux point de mon amour : tu sentiras ma colère. » Je répondis : Je méprise ton amour, je ne crains point ta colère. Dioclétien furieux me fit jeter en prison ; et toutes les vingt-quatre heures seulement on m'apportait du pain et de l'eau.

« Après trente-sept jours de captivité, la Sainte Vierge m'apparut et me dit : « Ma chère fille, tu dois rester ici jusqu'au quarantième jour ; puis, tu seras livrée à de terribles supplices. Mais l'Archange Gabriel ainsi que ton ange gardien t'assisteront, et tu sortiras victorieuse de l'épreuve. »

« En effet, le quarantième jour on me dépouilla de mes vêtements, et l'on me flagella avec tant de cruauté, que je n'étais qu'une plaie. Ensuite on me traîna en prison à demi-morte. Mais à peine y étais-je entrée, que Dieu me guérit ; le lendemain, on me trouvait pleine de santé.

« L'Empereur l'apprenant, réitère sa proposition et me demande si je veux l'épouser. Sur mon nouveau refus, il entre dans une colère plus grande que la première fois, et me fait percer de flèches. On me reconduit en prison, toute déchirée et toute sanglante. Le lendemain matin, au lieu d'être morte, comme on le croyait, j'étais en parfaite santé, et je louais Dieu en chantant des psaumes. La nuit un ange était venu ; il avait versé sur mon corps en lambeaux un baume céleste qui m'avait parfaitement guérie.

« Alors l'Empereur ordonna de recommencer le même supplice, cette fois avec des flèches rougies au feu. Mais à peine liée, je suis ravie en extase ; et les flèches, au lieu de m'atteindre, se retournent et tuent six archers.

« A ce prodige, l'Empereur commande de prendre une ancre, de me l'attacher au cou, et de me précipiter dans le Tibre. Mais les anges brisent la corde de l'ancre, et me retirent sans que même je sois mouillée. A cette vue, un cri immense s'élève dans la foule : « Elle est sauvée, elle est sauvée ! » Alors les bourreaux, craignant une sédition, me tranchent la tête.

« Ma mort arriva le 10 août, un vendredi, à une heure de l'après-midi.

CHAPITRE IV

Les pèlerins. — La châsse.

J'achevais la visite de l'église, quand arrive une troupe de pèlerins ; et les joyeuses litanies recommencent. C'étaient de braves gens de la campagne, venus de plusieurs lieues, à jeun et à pied. Ils se prosternent sur la porte de l'église, puis se traînent à genoux jusque devant la châsse. Là ils se mettent à prier.

Cependant sœur Tavernier me conduit à la salle du Trésor, et me la fait visiter. Je reviens ensuite à l'église. Les pèlerins sont encore là ; ils prient toujours, et toujours à genoux, immobiles, les yeux fixés sur la châsse, le visage enflammé. Quelle prière ! Quelle ferveur !... J'avais eu déjà ce spectacle touchant à Lorette ; je ne pouvais m'en rassasier à Mugnano. O peintres, qui voulez représenter la prière, allez à Lorette, allez à Mugnano ! vous y trouverez des modèles. Même la beauté terrestre, transfigurée, n'y fera pas défaut.

— « Dieu, me dit sœur Tavernier, se plaît à dispenser les grâces d'une manière étonnante par la main de Sainte Philomène. C'est pourquoi il ne se

passe pas de jour que nous ne voyions des troupes
de pèlerins prosternés aux pieds de notre chère *faiseuse* de miracles. Car, ajouta-t-elle, Sainte Philomène est vraiment une *faiseuse* de miracles. On ne
saurait l'appeler autrement. Plusieurs des prodiges
opérés par elle, ont un cachet si original, qu'on les
prendrait volontiers pour d'aimables *tours*, ou de
gracieuses surprises. »

Sœur Tavernier me montra la châsse.

— « Voyez, dit-elle, notre douce Martyre. Elle
n'est plus comme autrefois. D'abord elle a grandi, à
deux ou trois reprises ; ses cheveux ont poussé, son
visage s'est embelli ; ses yeux se sont ouverts plusieurs fois, à la grande joie des assistants. Ensuite
elle n'était pas satisfaite, sans doute, d'être couchée
et vue de profil, car elle s'est assise à moitié et s'est
tournée de côté, de manière à avoir en face ses dévots serviteurs. Les pieds et les mains ont aussi
changé de pose. Tout cela est constaté très-authen-
tiquement. Tout-à-l'heure vous verrez les merveilles
de son sang. »

Sœur Tavernier me ramena à la salle du Trésor
et, me donnant quelques souvenirs, elle continua à
me raconter les *tours* de Sainte Philomène. Récits
délicieux ! charmantes fleurs que le ciel a semées
sur la terre !

Voici une de ces fleurs que sœur Tavernier a
cueillie dans la campagne de Mugnano, où elles
poussent par milliers sous les pas de Sainte Philomène.

CHAPITRE V

La poule de Sainte Philomène.

Une brave paysanne avait promis une poule à Sainte Philomène. Mais ce n'était pas une poule ordinaire, c'était une poule de choix qu'elle voulait lui offrir. Un jour donc elle avise dans sa basse cour, parmi une troupe de joyeux poussins, la poulette la plus jolie, celle qui promettait de venir le mieux, et elle lui dit : — « Tu seras la poule de Sainte Philomène. »

Dès lors la poulette fut l'objet de soins tout particuliers. Aussi elle venait, cette charmante poulette, elle venait à ravir. La voilà poule. On continue de la soigner, elle se fortifie de plus en plus : c'était la plus belle poule des environs. Sa maîtresse était heureuse, elle s'apprêtait à faire son offrande. Mais elle comptait sans la jalousie du diable. Un beau matin la poule avait disparu, sans qu'on pût savoir quel chemin elle avait pris. La bonne femme en fut grandement désolée. Pour comble d'infortune, elle tomba malade ; la voilà obligée de garder le lit.

Or, elle voit un jour apparaître devant elle une jeune vierge toute rayonnante de lumière et de gloire, en qui elle reconnut promptement Sainte

Philomène. La douce Vierge venait la guérir. Mais voilant gracieusement à cette âme naïve la faveur que sa foi lui méritait, elle lui réclame la poule promise. La malade pensant rêver, s'agite, et ne peut en croire ses pauvres yeux qu'elle frotte d'une manière effrayante pour se réveiller.

Le lendemain, même apparition, même réclamation et même stupéfaction de la bonne femme qui se hasarde cependant à parler à sa fille de cette étrange vision.

Le surlendemain, Sainte Philomène se présente de nouveau, réclamant toujours sa poule. Alors la pauvre malade de s'écrier douloureusement :
— « Mais je ne l'ai plus, votre poule, vous devez bien le savoir ; voilà huit jours qu'on me l'a prise. » L'apparition persiste dans sa demande et dit à la malade d'aller chercher sa poule dans telle maison qu'elle lui indique. — « Mais comment faire, reprend la pauvre paysanne, puisque je ne puis quitter le lit ? » L'apparition lui commande de se lever et d'aller quérir la poule. La malade obéit... O merveille ! Son infirmité soudain a disparu. Elle se lève, sans mal, sans faiblesse, et va où Sainte Philomène l'envoie. Quand elle arrive devant la maison indiquée, elle voit, douce surprise ! sa poule, sa belle poule, qui accourait de toutes ses forces à sa rencontre en battant des ailes.

Elle la prend joyeusement, joyeusement elle va l'offrir à l'aimable Sainte qui lui avait rendu à la fois la santé et le bonheur.

CHAPITRE VI

Le miracle du sang.

Quand on ouvrit le *loculus* (*) de Sainte Philomène dans les catacombes, la fiole qui contenait le
sang desséché de la glorieuse Vierge se brisa. On
recueillit alors les fragments de ce sang très-pur
dans un vase de cristal. Mais à peine y étaient-ils
déposés qu'ils subirent une transformation merveilleuse. Ils parurent se changer en diamants, en pierreries et en autres substances brillantes et précieuses.

Cette transformation se reproduit encore journel-
lement à Mugnano, et j'eus le bonheur de la voir s'o-
pérer sous mes yeux.

Plusieurs pèlerins demandant à vénérer le sang
de Sainte Philomène, l'excellent prêtre marseillais
voulut bien condescendre à leur désir. Il revêtit le
surplis et l'étole, et m'emmena avec lui à la chapelle *sépulcrale*, où les autres pèlerins étaient ras-
semblés. Alors il tira du tabernacle le reliquaire qui
renferme ce sang virginal et me le montra. Le sang
était cristallisé et ressemblait à du sable. Le prêtre
l'agite un peu, et voilà qu'aussitôt les parcelles se

(*) On désigne sous ce nom la cavité qui renferme les
corps des martyrs dans les catacombes.

réunissent et forment comme des diamants, mêlés à
de petits lingots d'or et d'argent, et à des pierres
précieuses diversement colorées.

« Si le sang brille et forme des pierreries grosses
« et belles, dit Mgr Deschamps, c'est un heureux
« présage. Il arrive parfois que les personnes que
« menace quelque malheur le voient de couleur noi-
« râtre, et semblable à de la cendre. » (*)

— Comment le voyez-vous? me demanda le prêtre
marseillais.

— Comme, des pierreries de couleurs variées. Il
me semble, en outre, apercevoir au milieu un petit
lingot d'argent très-brillant.

— Dieu soit béni! fit le bon prêtre, et il ajouta :
*Per intercessionem Beatæ Filumenæ Virginis et
Martyris, liberet te Deus ab omni malo. Amen.* (**)

En même temps, il me donna à baiser l'ampoule
de ce sang miraculeux. Ensuite il la posa sur mon
front, puis sur ma poitrine, puis il me la donna à
baiser une seconde fois.

Il la présenta de la même manière à tous les
autres pèlerins. Je ne sache pas qu'un seul ait eu
le malheur d'y voir cette cendre noirâtre de funeste
présage, dont parle Mgr Deschamps.

Bénie soit à jamais Sainte Philomène !

(*) *Souvenirs de France et d'Italie.*

(**) *Par l'intercession de Sainte Philomène, Vierge et
Martyre, que Dieu vous délivre de tout mal. Ainsi-soit-il.*

A SAINTE PHILOMÈNE

(Traduit de l'Italien.)

O Vierge douce et pure,
Qui avez donné votre sang
Et votre vie pour la foi ;
Secourez ceux qui vous prient.

Ce sang généreusement versé,
Vos flèches et tous vos tourments,
Votre innocence et vos soupirs,
Crient toujours vers le Ciel.

Demandez pour nous la force,
La foi et la charité,
L'espérance et la pureté,
A votre divin Epoux.

Si vous daignez nous protéger,
Nous vaincrons tous nos ennemis,
Et avec vous dans un bonheur sans fin,
Nous bénirons Dieu au Ciel.

Ainsi soit-il!

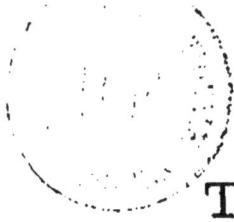

TABLE

—

www.ingramcontent.com/pod-product-compliance
Lightning Source LLC
Chambersburg PA
CBHW060630100426
42744CB00008B/1572